交付税の解体と再編成

高寄 昇三

地方自治ジャーナルブックレットNo.29

目　次

はしがき　4

第一章　交付税改革の視点　7
　一　交付税の存在理由　8
　　§1　膨張する交付税 …………………………………… 8
　　§2　ナショナル・ミニマムからの逸脱 ………………… 10
　　§3　逆財政力格差の発生 ………………………………… 12
　　§4　中央統制の成熟 ……………………………………… 14

　二　財政力格差の実態　17
　　§1　市町村財政力格差の実態 …………………………… 17
　　§2　虚構の都道府県財政力格差 ………………………… 18
　　§3　富裕団体への不当措置 ……………………………… 21

　三　交付税制度の破綻　25
　　§1　交付税の制度疲労 …………………………………… 25
　　§2　禁じ手の借入金方式 ………………………………… 28
　　§3　借入金方式の重圧 …………………………………… 31
　　§4　財源補填措置の魔術 ………………………………… 33

第二章　地方交付税の算定課題　37
　一　交付税論争の論点　38
　　§1　交付税過保護論争 …………………………………… 38
　　§2　交付税原点への回帰 ………………………………… 41
　　§3　交付税簡素化と測定単位重視 ……………………… 44

二　交付税算定の方式　48
- §1　基準財政収入額の恣意性 …………………………… 48
- §2　基準財政需要額と補正係数 ………………………… 51
- §3　補正係数中立性の喪失 ……………………………… 54

三　交付税の特定財源化　58
- §1　基準財政需要額の推移 ……………………………… 58
- §2　交付税の補助金化 …………………………………… 60
- §3　特別財政需要の乱用 ………………………………… 63
- §4　特別交付税と政府裁量権 …………………………… 66

第三章　地方交付税の改革　69

一　税源配分と地方交付税　70
- §1　自主財政と交付税 …………………………………… 70
- §2　地方財政改革のビジョン …………………………… 72
- §3　税源移譲方式の可能性 ……………………………… 75
- §4　特別税方式の活用 …………………………………… 78

二　財源調整措置の改革　80
- §1　財源移転方式の類型 ………………………………… 80
- §2　平衡交付金の挫折 …………………………………… 81
- §3　配付税方式への改革 ………………………………… 83
- §4　交付税への自治体参加 ……………………………… 88

は　し　が　き

　財務省が地方交付税の1兆円削減を打ちだしてから，交付税はにわかに脚光を浴びるようになった。しかし交付税は地方税・補助金・地方債にくらべて，その実態はつかみにくく，一般的にはどこに問題点があるのか，曖昧のままである。

　交付税削減に地方団体サイドは，当然，反対で，全国的な決起集会も開催され，自治体は気勢をあげている。しかし現行の交付税制度がベストだとはだれも思っていない。できれば国・地方の財源配分は，地方税方式で付与されるのが理想的である。

　現在の交付税は，補助金よりもその制度・運用において，地方財政を歪めスポイルしている。交付税制度について自治体が疑問をもち，財源確保よりシステム改革をめざさなければ，財源は与えられたが地方自治は死滅しかねない。

　第一に，財源調整は税源移譲方式では，財政力格差がより拡大すると非難されてきたが，財政力格差是正をともなった，税源移譲方式は可能である。

　第二に，交付税配分によって財政力格差是正より，逆財源調整が発生し，都市自治体は「豊富のなかの貧困」にあえいでいる。

　第三に，交付税が一般財源といわれているが，交付税の補助金化によって，補助金より拘束力がつよまっている。自治体は補助金と交付税の二重の中央統制に，苛まれる羽目になった。

　第四に，現在の地方交付税は財源不足を地方債方式で調達し，後年度に補填する方式を導入した。そのため地方財政は肥大化し，無駄な投資を拡大し，今日の財政破綻の原因となった。

　第五に，交付税システムは複雑怪奇であり，中央政府の恣意的な算出操

作で，自治体は翻弄されている。

　第六に，交付税の基準財政需要額における行政費目，測定単位，補正係数など，きわめて複雑である。しかも交付税が精緻になればなるほど，現実の行政ニーズから乖離している，パラドックスを自治体は知らなければならない。

　第七に，交付税は次第に借入金の重みによって，制度の危機は深刻化しているが，自治体としては財源さえ交付されればよく，自治体の交付税依存症は，体質化しつつある。

　交付税が充実すればするほど，地方財政の運営マインドを麻痺させていき，自治体は交付税頼みの慢性的な症候群と化している。しかも自治体は，自覚症状もない重症である。

　地方財政が財源不足を地方税でなく，交付税に仰ぐ状況は，憂うべき状況である。地方財政が慢性的な交付税中毒にかかり，地方自治の感覚も喪失し，やがては地方財政が破綻し，地方自治も蝕まれていき，政府財政も破産へと引きずりこまれかねないであろう。

　第八に，現在の地方財政は，交付税を軸として運営されている。交付税が補助金化し，交付税財源が借入金地方債方式を導入したことによって，補助金・交付税・地方債の三位一体化は成熟していった。

　地方交付税システムの改革なくしては，地方財政の再生はありえないのである。交付税制度も誕生以来，50年をむかえようとしている。当然，制度疲労がふかまり，財源調整・保障機能も硬化し，安定機能も減退している。

　事実，交付税制度は昭和50年以来，'死に体'であり，地方債という延命装置で生き延びているにすぎない。36兆円をこす交付税会計の借金の返済の目処もなく，地方財政は漂流をつづけている。

　補助金・地方債よりも，今や交付税こそが地方財政の癌であり，この制度の病巣を摘出しないかぎり，地方財政の再建も地方自治の再生もありえないのである。

　地方交付税の制度的欠陥，運用的誤謬はどこにあるか，その是正への処

方箋はどうあるべきか,本書ではこれらの要求に応えて,やさしく交付税制度の問題点の解説を試みてみた。

交付税制度の研究は,ややもすると交付税算定の深みに入り,問題の本質を見失って制度の微細な係数分析におわっている。交付税はたしかに複雑であるが,ある意味ではマクロに分析していけば,問題の核心を把握することができる。

著者は,平成9年にこの地方自治ジャーナルブックレットNo.18で『地方分権と補助金改革』を出版したが,地方財政の事態はさらに悪化した。しかし補助金はともあれ金額的には淘汰されつつあるが,交付税は逆に膨張の一途をたどりつつある。

地方財政において、交付税はのぞましい財源補填措置として,これまで聖域化されてきた。しかし,今日では交付税へ改革のメスをいれ,より期待される財源調整措置はどのようなシステムかを追求することが,焦眉の課題となってきた。

本書が交付税改革に有効な処方箋となり,すこしでも寄与できれば,筆者のよろこびはこれに過ぎるものはない。執筆の機会をあたえてくださった,公人の友社に心から感謝したい。

　平成14年3月

　　　　　　　　　　　　　　　　　　　　　　　　　高寄昇三

第一章　交付税改革の視点

一　交付税の存在理由

§1　膨張する交付税

　国・地方の財源配分において，昭和50年以降，地方財政は交付税をテコに財源拡大路線を走ってきたが，地方財政は却って貧困化した。地方自治体は財源という量の問題でなく，財源移譲のシステムがより重要であることを，悟らなければならない。

　地方交付税は，国・地方の財政配分における財源移転の一つの方式であり，交付税改革はこれら財源配分・移転の枠組みのなかで，どう改革するかである。

　公経済において国・地方は，第1図にみられるように税源の比率は，国3対地方2の割合である。

　しかし地方団体が，国政受託事務を多く処理しているので，国庫から地方財政へ補助金・交付税などで財源移転を行っており，結果的には歳出ベースでは，国2対地方3の比率に逆転している。

　しかし近年は政府財政の窮乏も反映して，国庫からの財源移転は補助金が減少し，地方財政歳入構成比では次第に交付税比率が増加し，地方財政は交付税を中軸にして，運営されつつあるといっても過言ではない。

　戦後の国・地方の税源配分・財源移転の状況をみると，地方財政が有利に推移している。昭和25年度では，国税75.2％，地方税24.8％で配分しており，財源移転後は国庫45.4％，地方税54.6％である。

　高度成長期の当初は，昭和35年度，国税70.8％，地方税29.2％，財源調整後は国庫57.1％，地方財政42.9％で，国庫の比重は大きかった。しかし昭和60年には国税62.7％，地方税37.3％，財源調整後は国庫46.0％，地

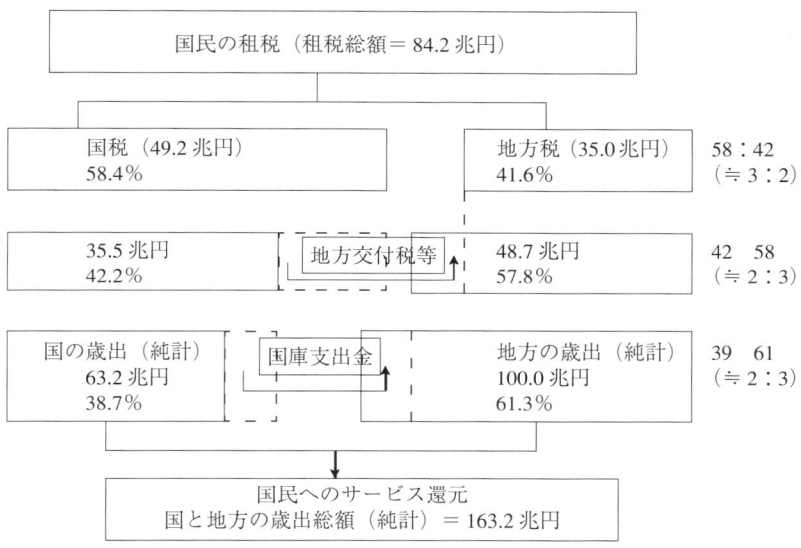

第1図　国・地方の財源配分　（平成11年度）

出典　地方交付税制度研究会編『地方交付税のあらまし』（平成13年度）5頁。

第1表　地方財政収入の構成比推移　（単位 %）

区　分	昭和25	昭和40	昭和60	平成11
地方税	34.6	34.6	40.6	33.7
交付税	19.9	16.6	16.4	20.1
補助金	23.2	24.3	18.3	16.0
地方債	6.0	7.1	7.8	12.6
その他	16.3	17.4	16.9	17.6
合　計	100.0	100.0	100.0	100.0

方財政53.8％と財源比率は完全に逆転した。

　平成11年度は国税58.4％，地方税41.6％で，財源調整後は国庫38.7％，地方財政61.3％と地方財政の比率が高まっている。

9

このように地方財政有利に，国・地方の財源配分は推移していったが，地方財政の歳入構成比で国庫補助金の比率は，第1表にみられるように高度成長期は上昇したが，低成長期にはいり低下している。かわって交付税が増加傾向にあり，平成11年度では交付税と補助金の比率が，逆転しているのが顕著な変化である。

今日の地方財政は，交付税が補助金と連動し，地方債も組み込んで運営されている。第2図にみられるように，交付税が財源配分・移転において，中枢を占めるようになったが，交付税の補助金・地方債化があったことも無視できない。

すなわち交付税の"補助金化""特定財源化"がすすみ，中央統制は補助金の衰退にもかかわらず，交付税が統制機能を補完している。むしろ現在では交付税が補助金を上回る中央統制力を発揮している。

地方財政は近年の地方分権一括法によって，地方自治権が拡充されたが，実質的には交付税をベースとする，中央政府の遠隔操作網の統制下にある。

§2　ナショナル・ミニマムからの逸脱

現代の経済社会構造のもとでは，自治体間に財政力格差が，発生することは避けがたい。一方，近代国家においては，すべての国民に最低限の文化生活を保障する国家の責務がある。

政府がこの二律背反の公的使命を充足するために，財源調整措置としての地方交付税が存在する。このような財源調整制度は，近代国家によって打ち立てられた，地方財政制度の金字塔でもある。

地方交付税に期待される機能は，第一に，ナショナル・ミニマムの保障である。このナショナル・ミニマムは，中央政府は社会保障などの金銭的給付で実施しているが，地方政府としての自治体も，行政サービスなどの給付などで，シビル・ミニマムを保障している。

要するに町村税の乏しい町村が，小学校を建設し，保育所を運営をして

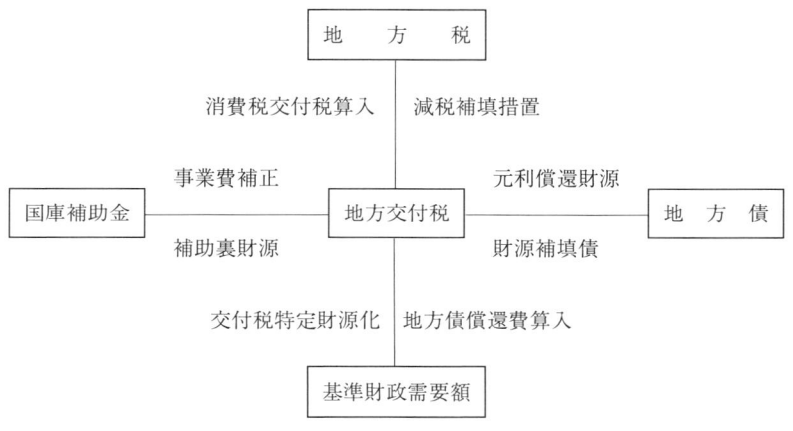

第2図 交付税による中央統制網

(財政力格差制限の要請)

(政府政策誘導の需要算定)

いくことはできないので,政府が財源補填をしていかなければならない。補助金システムでは,補助裏の財源すらない町村では,交付税による財源補填方式でなければならない。

　しかし今日の交付税を分析してみると,ナショナル・ミニマムの財源保障という,本来の使命を逸脱して,さまざまの政策誘導措置,施策奨励措置を混入させている。卑近な事例が「ふるさと創生」事業を,交付税措置で財源手当をした。

　マクロの地方財政でみると,都市部では保育所が不足し,待機幼児が何万人というのに,地域振興のために資金をばらまく方便として,交付税が動員された。ある意味では交付税制度の堕落であり,交付税が中央政府によって,便宜的に悪用されたとの誇りを免れないであろう。

　しかし旧自治省は,このような地域づくりの要望,世間的風潮をすばやく交付税の強化に結びつけ,事業費補正方式による地域づくり事業の設定を,交付税に注入していった。

§3　逆財政力格差の発生

　地方交付税に期待される機能は，第二に，財政力格差是正である。具体的には第2表のように各府県間，市町村間で大きな地方税収入の格差が発生している。

　地方財政は都道府県・市町村という，3,000以上の団体から構成されている。各自治体の経済・社会・地理的構造はきわめて多様であり，自己財源能力（地方税調達力）の差は大きい。しかも府県において約4分の1，市町村では半分以上が，財政力0.3未満である

　この財政力格差を是正し，すべての自治体がナショナル・ミニマムを確保するためには，自治体間の財政力格差是正が前提条件となる。そのため交付税の財源調整機能による，財源均衡化均一化を実施していかなければ

第2表　財政力指数段階別の団体数及び構成比

財政力指数 団体区分	0.30未満	0.03以上 0.50未満	0.50以上 1.00未満	1.00以上	合　計	財政力指数 平　均
都道府県	11 (23.4)	18 (38.3)	17 (36.2)	1 (2.1)	47 (100)	0.48
市町村	1,428 (44.2)	797 (24.7)	852 (26.4)	155 (4.8)	3,232 (100)	0.42
大都市	—	—	10 (83.3)	2 (16.7)	12 (100)	0.86
都市	29 (4.5)	111 (17.2)	403 (62.6)	101 (15.7)	644 (100)	0.71
町村	1,399 (54.6)	686 (26.8)	429 (16.7)	50 (2.0)	2,564 (100)	0.34
合　計	1,439 (43.9)	815 (24.9)	869 (26.5)	156 (4.8)	3,279 (100)	

資料　『地方財政白書』平成12年版。

ならない。

　このことは財源調整措置がなかった，戦前の町村財政を想像してみると如実にわかる。交付税・交付金という財源補填がない状況で，農村財政は小学校教員の給与を負担させられ，塗炭の苦しみに喘いでいた。

　このことを思うと，今日の農村財政はまさに隔世の感である。しかしこのような財源補填は，自治体間における富裕団体の財源を政府が徴収し，貧困団体に配分するという，財源調整措置として実施されているので，話は複雑となる。

　高度成長期，大都市自治体は「豊富のなかの貧困」に苦しみ，行きすぎた財源調整を批判してやまなかった。結果的には大都市自治体に市民税法人分を割増をして，過度の財源調整措置は一応は治癒された。

　しかし平成長期不況下の今日，東京都などの大都市圏都府県は，一斉に財源調整措置の見直しをせまり，都市対農村の対立となって浮上しつつある。

　すなわち国・地方で税源の再配分をして，財政力強化を図っていくことは，自治体間で異論はない。しかしどの自治体が，どれほどの調整財源を拠出し，どの団体がどれほど財源補填措置をうけるかは，簡単な問題ではなく，財源調整問題の難しさを暗示する事実である。

　しかし今日の交付税は，この財源調整を大義名分にして，過度の財源調整を実施してきたといえる。

　典型的事例が段階補正で，「小規模団体に対する需要額の割増の程度がかなり大きいことを確認できる。その内容は経常経費だけでなく，投資的経費にも及んでいる。そのため財源対策債への振替操作は小都市や町村に対してもかなりの規模で行わざるを得ず，その結果公債費の需要額算入は増大する」（古川卓萬『地方交付税制度の研究』293・294頁）と，無理な補正の欠点が公然の事実となった。

§4　中央統制の成熟

　地方交付税の期待される機能の第三は，中央統制機能の排除である。自治体間の財政力是正は補助金でもできるが，補助金はいわゆる紐附き財源として，地方財政の自立を脅かすという致命的欠点がある。
　そして交付税は国庫からの財源移転であるが，拘束力なき一般財源として付与され，しかも自治体の固有の財源として位置づけられた。この交付税の統制なき財源移転こそ，財源調整と地方自治を，両立さすかけがえのない制度である。
　しかし現実の交付税は変質し，歪められた統制機能を帯びるようになっている。第一に，交付税による都市財源の剝脱である。戦後の地方財政における基本的施策は，都市自治体に地方税源を付与するのでなく，交付税で補塡することによって，財政配分の均衡化を図っていくことをより優先させた。
　その結果，農村自治体だけでなく，大都市自治体もふくめてほとんど全部の自治体が，交付団体となっているが，政府が地方税にもとづく財源給付を抑制しているからである。
　要するに政府は本来，都市自治体に付与すべき財源を，一度，交付税財源としてプールし，中央政府が地方団体に分配するシステムを成熟させていった。
　第二に，交付税の補助金化である。交付税の政策中立性の神話は崩壊して，補助金よりも始末のわるい遠隔操作で，地方財政をコントロールすることになった。
　しかも中央統制の感染力は，ほぼ全自治体にひろがっていった。すなわち補助金による中央統制は，個別的顕在的直接的であるが，交付税による中央統制は包括的潜在的間接的である。しかも一般的には地方自治の侵食が行われても，自治体自身すら気がつかなのである。
　第三に，交付税の補助金との連携である。交付税が補助事業の裏負担を

算入し,補助事業を優先的に基準財政需要額に算入していく,傾向を深めていった。

　自治体は交付税措置をにらみながら自己の財政を編成し,より多くの交付税を確保しよとする。自治体は無意識のうちに,交付税依存症に感染されているのである。

　さらに交付税と補助金の連動は,政府施策のミスを増幅する。地方財政における開発事業の暴走は,多分に補助金による投資奨励の財源措置を,交付税がさらに事業費補正などで後押しする形で加速されていった。

　すなわち補助金だけではブレーキのきいた自治体も,交付税まで動員され財源優遇措置が注入されると,この際,政府の支援措置に便乗して,地域浮上を策謀するインセンティブにかられたのである。

　第四に,横軸による中央統制網の形成である。このような交付税の変質について「国庫補助金が,中央各省を通じて国の個々の特定施策の実施に役立つとすれば,財政調整交付金は,これら個々の特定施策を全体として完全な遂行に導くものであり,前者が,いわば,『たて』から地方行財政の部分部分をしばるとすれば,後者は,地方行財政の全体を『よこ』からしばることにより地方財政支配の総仕上げを行なう役割をしている」(吉岡健次『現代日本地方財政論』75・76頁)と,早くから指摘されてきた。

　交付税は補助金によって,地方団体を拘束できない旧自治省にとって,自治体を統制するかけがえのない財源措置である。旧自治省が旧建設・農水・運輸省とならんで,自治体に影響力を発揮していくには,交付税は絶対に必要な手段であった。

　旧自治省は,この交付税措置と地方債の認可をからませて,独自の中央統制システムを編み出し強化していった。

　したがって旧自治省は,補助金の交付税への転嫁を喜んで受け入れ,そして交付税が変質し肥大化していく,危険体質になっていくことにも,敢えて自粛することもなかったのである。

　第五に,交付税による自治体の政策形成への侵害である。本来,補助金の弊害を中和・緩和すべき交付税が,補助金と連携して中央統制を増幅す

る役割を果たしている。地方自治にとっては，ある意味では交付税の"許されざる変節"である。

　現在，自治体がみずからの政策的発想で，独自の行財政を展開しようとするときは，国の財政からの援助を諦めなければならない。しかも補助金行政を拒否すれば，交付税措置も算入されず，地方債の手当にもはずれ，さらに元利償還財源を失う羽目になる。

　すなわち独自施策を展開するには，自治体は補助金・交付税・地方債（元利償還費）と，自治体は三重の財源的損失を覚悟しなければならない。

　たとえば財源ベースでは，自治体の無認可保育所の助成は，孤立無縁であり，溝に金をする行為に等しいが，認可保育所の建設・運営は，補助金・交付税に反映されきわめて有利である。

　このような自治体の財政運営への政府の介入は，昭和40年代後半の「土地開発基金」等の需要額算入にみられる。「とくに土地開発基金ではその取崩しを禁止する措置がとられたが，これは普通交付税の運用に新たな撹乱要因を持ち込むものであった。投資的経費の場合，なお地方団体の裁量が働く余地があるのに対して，この措置は普通交付税の使途を実質的に拘束するものであり，地方団体に対する財源保障の安定性をそこなうものであった」（古川・前掲「地方交付税の研究」200頁）と批判されている。

　交付税は本来，地方財政の一般財源を保障するのが目的であり，その財源を活用して自治体が，もっとも効果的なナショナル・ミニマムの充足を考案していくところに，交付税の存在価値がある。

　しかし実際の交付税の運用は補助金と連動し，リゾート法のように投資を煽る措置を算入している。本来は交付税が，ナショナル・ミニマムの基準を死守し，補助金の投資促進の被害を最小限に食い止めるのが，交付税の期待されるべき機能なのである。

二 財政力格差の実態

§1 市町村財政力格差の実態

　地方交付税制度の欠陥がいかに大きくとも，財政力格差是正は行われなければならない。市町村の財政力格差は，第3表にみられるように，地方税の一人当り収入では，大きな格差がみられる。しかし注目すべきは，交付税による財政力格差是正の効果である。

　町村の状況は，一人当り地方税の格差は20倍前後であるが，地方税と交付税の合計では，財政力格差は完全に是正され，自治体間で数倍の逆格差が発生している。

　都市自治体で最高の碧南市でも，一人当り財源は27万9,387円であるのに，島根県布施村は一人当り財源が182万7,050円である。財政力指数で最高と最低の地方団体の財政収入が，数倍も逆格差が発生しているのは，異常としかいいようがない。

　ただ布施村の人口は517人，関前町950人，粟国村857人，渡名喜村474人と極端に人口が少ないために，交付税の財源調整機能が行き過ぎたともいえる。

　おなじ島根県の町村でみると，鹿島町は人口8,742人で財政力指数0.95であり，地方税23億8,796万円，一人当りでは27万3,160円，交付税は3億1,835万円，一人当り3万6,416円で，財源合計は30万9,576円で布施村には遠く及ばない。

　鹿島町と人口規模がおなじ玉湯町をみてみると，人口6,119人，財政力指数0.46，地方税9億8,893万円，一人当り地方税16万1,616円，交付税は12億1,330万円で一人当り交付税19万8,283円で，財源合計は35万9,899

第3表　　市町村の財政力格差（単位 円）

区　　分	財政力指数	一人当り地方税	一人当り交付税	一人当り一般財源	一人当り国庫補助金
島根県布施村	0.05	61,584	1,765,466	1,827,050	344,803
愛媛県関前村	0.06	71,442	1,100,457	1,171,899	415,493
沖縄県粟国村	0.06	59,951	986,152	1,046,103	255,535
沖縄県渡名喜村	0.05	55,065	1,271,443	1,326,508	441,362
福井県大飯町	1.82	1,048,943	13,767	1,062,710	157,879
長野県軽井沢町	1.72	457,302	6,195	463,497	48,325
愛知県飛島町	1.95	767,504	3,547	771,051	25,626
三重県川越町	2.02	564,757	3,054	567,811	34,073
神奈川県鎌倉市	1.23	212,881	286	213,167	169,945
神奈川県厚木市	1.36	228,906	372	229,278	209,520
愛知県碧南市	1.41	277,167	2,222	279,389	66,623
愛知県豊田市	1.51	259,872	227	260,099	339,994
愛知県刈谷市	1.33	224,112	519	224,631	129,098
愛知県東海市	1.29	244,953	1,801	246,754	98,814

資料　『市町村別決算状況調』（平成11年度）

円となる。財政力指数 0.46 の玉湯町のほうが，財源合計は大きくなる。

§2　虚構の都道府県財政力格差

　都道府県の財政力格差是正の実態は，第4表にみられるように市町村のように，極端な是正ではないが，地方の県が大都市圏の都府県より，3倍以上の逆財源調整が実施されている。
　都道府県の場合は，市町村の場合よりもより強い疑問が起こるのである。神奈川県の一人当りの財政需要額がどうして，島根県の三分の一以下

なのかである。

　第一に，第4表のように戦前配付税の財源配分は，東京は島根の3.5倍であり，常識では当然の配分である。東京の地価は，島根の10倍以上であり，交通渋滞も数十倍の混雑ぶりである。

　したがって東京の単位当りの行政費は，島根の2倍以上が必要である。しかし今日の地方財政における財政配分では，第5表のように東京は島根の二分の一であるが，合理的に説明することは不可能である。

第4表　地方配付税時代における財源均衡化の状況（一人当り）

区　分	地方税	配付税	一般財源	区　分	地方税	配付税	一般財源
東　京	3,182	626	3,808	島　根	584	587	1,171
大　阪	1,172	216	1,388	岩　手	573	562	1,135
兵　庫	1,003	303	1,306	山　梨	558	599	1,157
福　岡	991	287	1,278	茨　城	526	433	959
京　都	990	307	1,297	宮　城	526	514	1,040
神奈川	899	358	1,257	秋　田	518	576	1,094
愛　知	856	301	1,157	鹿児島	597	535	1,042

資料　『昭和24年度地方財政概要』

第5表　都道府県財政力格差是正の状況（平成11年度決算）

区　分	一人当地方税	一人当交付税	一人当一般財源	国庫補助金	総生産額対比歳出
	円	円	円	円	千円
東　京	168,752	—	171,988	47,766	75,909
愛　知	126,021	21,379	149,099	34,704	62,536
神奈川	89,479	28,653	119,586	47,251	57,942
大　阪	109,498	35,357	146,232	46,486	65,119
高　知	77,668	264,110	344,933	187,753	271,634
島　根	84,781	286,347	374,778	211,769	344,557
鳥　取	87,191	265,617	356,144	155,979	214,220
徳　島	86,671	223,414	312,787	155,006	225,469

注1　東京都の地方税は特別区への交付金などを除外した金額
注2　総生産額対比は生産額（平成8年度）100万円当りの歳出（平成11年度）
資料　『地方財政白書』（平成11年決算）、『都道府県決算状況調』（平成11年度）

国庫補助金を加算すると，一人当りの財源は東京は島根の三分の一になる。経済活動の単位当りでは，東京は島根の五分の一となり，選挙権よりひどい格差となる。すくなくとも一般財源は，一人当りは同額でなければならない。

　交付税がナショナル・ミニマムの基準財政需要額を保障するものであれば，地方税と交付税の合計が同水準でなければならない。奇妙なことに一般財源で都市部は，農村部の三分の一で当然という根拠は，政府から今もって示されていない。

　要するに旧自治省は，都市自治体は人口が多いから，漠然となんとかなるであろうという期待感だけである。理論的に財源調整で収奪された財源は，住民の負担額を数倍にするか，行政サービスの水準を数分の一にするかである。

　多くの場合，都市サービスの削減という形で処理されているが，交付税が財源調整について，合理的な根拠のないまま数値の操作という知的遊戯に陥っている。

　ちなみに地方譲与税などは，同一水準でなければならない。しかし道路譲与税でも東京都は 38.6 億円（平成 12 年度）財源調整措置を受けている。

　第二に，交付税の基準財政需要額・収入額の査定は，絶対的なものでない。したがって「不交付団体＝富裕団体という論理は直ちには成り立たない。その富裕とは絶対的のものでなく，交付団体に対しての相対的な意味しかもたない」（柴田護『地方財政のしくみと運営』昭和 48 年、良書普及会 193 頁）といわれていが，現実には財源調整措置による財源損失は，個々の地方団体にとっては死活問題である。

　地方財政の財源調整は，自治体の自主性を尊重しながら，補填をしていくという，なまやさしい措置では達成できない。

　交付税の財源調整機能は，「富める自治体と貧しい自治体の財源を水平的に調整するのでなく，ボーダーライン以下に自治体を追い込み，生活保護的交付金で財源保障している」（高寄昇三『財政学入門』189 頁）といえる。

　第三に，交付税のなかにある，無数の財源調整措置ははたして妥当性を

もっているのかである。戦後の地方財政の主流は，大都市圏自治体の財源を財源調整財源として，均衡化することが第一の政策目的とされてきた。

たとえば交付税には密度補正がある。一般的には人口密集地区の行政コストをかさ上げする措置と考えるが，逆で人口密度のすくない地区ほど，旅費・通信運搬費が割高となるから補正するのである。

しかしこのような補正は，都市では面積は狭いが，交通が渋滞し信号があり，地域内の移動は時間がかかる。さらに職員はマイカー通勤を禁止されているので，地域内交通は徒歩のため非効率となるか，タクシー移動などで割高となる。

交付税の算定は，一貫してこのような過疎地域の小規模町村財政力のかさ上げを，基調として算定方式が考案されてきた。いいかえれば都市的な市民生活のシビル・ミニマム的行政ニーズは無視してきたに等しい。

§3　富裕団体への不当措置

現行の交付税・補助金は，いわゆる「富裕団体」には過度の財源調整を行い，いわゆる「貧困団体」には過度の財源補填を注入している。すなわち交付税措置のみでなく，あらゆる財源調整措置を総動員して実施された。

その背景には「東京一極集中はその象徴たるものである。これにより税源は偏在し，地域財政力格差が大きくなっている。………地方財政平衡交付金や地方交付税は，基準財政需要額及び基準財政収入額の概念を導入し，あるべき財政需要と財政収入を合理的に測定することにより徹底した財源調整機能を確立した」（兵谷芳康等『地方交付税』61頁）と，交付税の強力な財源調整機能を誇示している。

農村地域に対しては，補助率の優遇措置，交付税の事業費補正などあらゆる財政システムが，考案され動員されてきた。過疎債を活用した実質的補助率が，九割以上といった財源保障は，いたずらに過疎村をして，過剰投資に走らせる潜在的要因となっている。

一方,都市自治体は財源不足から生活基盤の整備がおくれ,都市全体のスラム化が進行している。たとえば第6表のように,東京都など大都市の府県には,義務教育国庫負担金などのカットが実施されている。
　しかし義務教育国庫補助金は,当該自治体の財政力如何にかかわらず,国庫が負担すべき支出金である。大都市圏の自治体が,富裕であるとの口実で削減するのは権利の乱用であり,東京都などにとっては"いわれなき制裁"である。
　また地方譲与税における東京都などの譲与税のカットも,国が一方的に東京都を富裕団体と断定し,地方譲与税のような財源をカットすることが許されるのであろうか。
　地方譲与税の配分は客観的係数によって配分され,富裕・貧困団体の如何を問わず分配されるべきである。地方府県の道路整備は,進んでないというのは中央官庁の独断である。
　たしかに未改良の道路延長は多いかもしれないが,自動車1台当りの道路面積とか交通渋滞頻度などは,数値的には東京都よりはるかによいはずである。

第6表　東京都の財源調整措置額　　（単位 億円 %）

区　　分	平成6	平成7	平成8	平成9	平成10	平成11（予算）
義務教育職員等給与費国庫負担金	267	238	308	235	187	188
地方道路譲与税	39	40	40	38	39	40
中央卸売市場施設整備費補助金	20	18	11	3	7	7
そ　の　他	3	2	1	1	1	1
合　　計	329	299	362	276	234	236

資料　東京都財政局

さらに事業税における分割法人方式の注入である。本店の人員は0.5人，工場の人員は1.5人に換算して，事業税の地域配分基準とする方式である。結果的に東京都などは本社の事業税収，本来の事業税収入が3分の1に減額されることになった。

　地方財政における財源調整において，地方税格差ばかりが強調され，財源調整後の財政力格差がほとんど分析されない。そのため結果として逆財政力格差是正が行われている実態については注目されていない。

　第一に，都道府県間の財政力格差は，約7.8倍の差がある。それを地方交付税で是正しており，その結果，人口1人当りでは完全に逆転し，逆格差として2倍以上の差が発生している。

　結果として「現行地方税制と交付税制度とを組み合わせることによって，財源調整機能は十二分にその役割をはたしている。いわゆる富裕府県と後進との格差はほとんどないという状態になっている」（坂田期雄『危機の自治体財政』98頁）のである。

　第二に，地方交付税措置でほぼ財政力格差是正がなされたにもかかわらず，補助金措置によるさらなる格差是正が注入されている。

　このような状態を国税の還元率でみると，富裕府県では還元率は1〜2割であるのに，貧困府県では1.5〜2.0倍にもなる。このことは当該地域の国税の全額それ以上を，地方に還元していることになる。

　第三に，財政力格差を人口指標のみで分析しているが，地方行政は生活行政のみでなく経済行政もしており，さらに地価などの行政コストの格差もある。したがって経済状況の指標にもとづいて，財政力格差は分析されなければならない。

　第4表の生産額当りの歳出額は，全国的に逆格差となっている。昭和40年以来の交付税の公共投資優遇措置と，農村地方団体の優先主義が，相乗効果を及ぼした結果である。平成10年度の都道府県別行政投資額をみても，一人当り投資額は東京都31万6,554円，島根県は81万1,257円である。用地費の負担額で調整すると，実質的な投資額は数倍の格差が発生しているはずである。

都市部は規模の利益があるが，コスト高の不利益がある。ことに交付税・補助金において，用地費の不算入は，都市財政を必要以上に圧迫している。郡部は貧困といわれるが，大都市は表面だけが華やかであり，都市スラムなどの改良費は補助金・交付税では算入はほとんどない。

　このような分析からみて現在の財源調整措置は，実態分析のうえで実施されているとはいえない。中央省庁の誤った先入観による惰性的措置であり，今日では改めて地方団体の実態を基本にして再編成されなければならない。たとえば住み難さのワーストテンの大半は，財政力指数の上位の都府県の地域である。

　地方財政措置が，変動の少ない地域に有利になっているので，高度成長期都市部の人口急増団体は，財源的にはますます不利となるメカニズムが浸透していった。個々の自治体における財政運営の問題でなく，財源調整の構造的結果である。

　すなわち平成長期不況の今日，収益税に依存した大都市圏財政は完全に破綻したのであり，財政力格差是正を金科玉条にした，政府誘導型の財政システムは，構造改革として切開手術を断行されなければならないのである。

三　交付税制度の破綻

§1　交付税の制度疲労

　地方交付税も約半世紀を経て，その財源調整のシステムもようやく，動脈硬化症状が目立ってきた。要するに高度成長と同様のキャッチ・アップ政策，そのための強引な財源調整措置の強化という，支援施策を展開させていたからである。

　しかしすくなくとも昭和50年までは，交付税の財源補填機能は正常に稼働していた。第一に，第7表にみられるように，昭和29年度の交付税誕生以来，毎年のように交付率は引き上げられた。交付税はこの国税三税を地方財政の固有の財源として，財源補填機能を成熟させていくのである。

　第二に，交付税交付率は，昭和30年の30％から41年の32％へと上昇し，交付税の財源保障機能は十二分に発揮された。しかし平衡交付金に比して交付税が，そのメリットを発揮できたのは，国の財政に余裕があった高度成長期であったからである。

　第三に，昭和40年にはいり，国の財政が建設国債を発行し困窮してくると，地方財政に対する風当たりも厳しくなり，交付税の財源保障機能に綻びがみられるようになった。すなわち交付率は41年度の32％以後，42〜平成10年度までは32％のままであった。

　この間に高校進学率の上昇，義務教育児童数増加，沖縄本土復帰，公害対策費，児童手当・老人医療制度の発足などは，基準財政需要額の増加要因であった。しかし交付税交付率は据え置かれたままで，全体の基準財政需要額の算定を操作して，薄撒きの交付税となった。

第7表　地方交付税対策税目・交付率の推移　　　（単位%）

年　度	所得税	法人税	酒　税	消費税	たばこ税
昭和29	19.874	19.874	20	—	—
30		22.0		—	—
31		25.0		—	—
32		26.0		—	—
33		27.5		—	—
34～36		28.5		—	—
37～39		28.9		—	—
40		29.5		—	—
昭和41～63		32.0		—	—
平成元～8		32.0		24.0	25.0
9・10		32.0		29.5	25.0
11	32.0	32.5	32.0	29.5	25.0
12	32.0	35.8	32.0	29.5	25.0

出典 地方交付税制度研究会『地方交付税のあらまし』23頁

　第四に，昭和50年度にはオイルショックの余波で，このような交付税の枠組みをそのままにして，基準財政需要額を操作することが，不可能な巨額の財源不足が発生した。

　昭和50年度が交付制度の転機であったが，交付税交付率はそのままとして，交付税会計が資金運用部から借入金で資金手当をし，一方，残余は地方団体が赤字地方債を発行して，その元利償還金を交付税で補填する方式を考案した。この借入金地方債方式で，交付税機能は大きく歪められることになる。

　第五に，平成元年に消費税の創設にともなって，消費税の24％，たばこ税の25％が交付税財源に追加された。平成9年度には消費税は29.5％となった。この間は所得・法人・酒税は，32％で据えおかれたままであった。

しかしこのような消費税の交付税財源化は,交付税が新規財源として追加されたのでなく,消費税導入にともなう地方税の消費税への吸収にともなう,財源振り替え措置である。
　第六に,平成11年度には法人税のみが32.5％に引き上げられ,12年度には35.8％に引き上げられたが,所得・酒税は32％のままであった。
　交付税は平衡交付金方式を離脱してから,高度成長にささえられ,毎年のように交付税交付率を引き上げられてきたが,低成長の今日では,交付税システムもコペルニクス的転換を迫られているのである。
　第一に,高度成長の終焉で,財源保障機能が低下してしまった。昭和50年度における財源不足に対して,交付税は対応不可能となった。
　高度成長期,国税三税が伸びて,国庫も交付税財源を割譲する余裕があったが,低成長で交付税交付率の引き上げが不可能となった。しかし交付税財源の保障というシステムだけは健在であり,交付税措置として交付率の引き上げでなく,赤字地方債の発行という無理な手段で処理をした。
　そもそも地方財政が必要とする財源を,国庫が減税下で補填していくシステムは,財政的にも無理な措置であるが,何らの手直しもなく継続していった。
　第二に,公共投資による地域整備という,政策使命も陳腐化したが,交付税は事業費補正などの傾斜配分方式を工夫を凝らして注入していった。時代は公共投資から行政サービスへと潮流は変化していたのである。
　ことに基盤整備型の地方行政が主流の場合は,国庫による財源支援は容易であったが,地方自治体が独自性のあるサービス行政を行う時代となると,財政支援は困難となってきた。
　地域開発における"村おこし"などは最早,公共投資先導型では成功はおぼつかないのであり,交付税もまた方針転換が迫られていたのである。
　交付税は当初の使命を忘れ,特定財源支援措置にもとづく建設投資優遇方式に傾斜するにつれて,交付税の基準財政需要額の算定方式は,地域開発のソフト化,行政サービスの多様化という行財政環境の変化に対応できない算定方式となっていった。

しかも交付税は政府施策の支援措置として，国策的財政需要を優先的に算定していったが，このような算定方法は交付税制度の逸脱であった。
　交付税の補助金化，交付税の特例化がすすみ，交付税の一般財源にもとづくナショナル・ミニマムの充足からは，次第に遊離していった。
　第三に，交付税における借入金方式は，交付税の財源問題を棚上げにして，交付税財源の安易な確保を図っていった。しかしこれは禁じ手であり奇手であり，早期に正常化を期すべきあったが，問題解決は長期化した。
　交付税制度は平衡交付金方式と同様に，地方財政の財源不足を全額補填しようとして，自縄自縛に陥ってしまった。
　すなわち政府の景気対策のため，建設地方債の発行を地方団体に求め，その財源補填を交付税措置で手当した。そのため地方団体は必ずしも必要でない施設建設への着工を余儀なくされ，地方財政の不本意な膨張を余儀なくされた。壮大な「ムダの制度化」が，展開される事態となった。
　さらに政府の景気対策に迎合して，単独事業を遂行した結果，地方財政の水膨れ症状は，警戒水域を突破してしまった。今や地方財政を安定さすべき交付税が，地方財政を借金地獄に追い落とす皮肉な結果となった。

§2　禁じ手の借入金方式

　昭和50年度に入り，交付税交付率が据えおかれると，地方交付税の「財源保障機能」は，確実に弱体化し，「試練の時代」(石原信雄)をむかえた。
　昭和50年度の交付税会計は，オイルショック後の不況で突如として2.2兆円の財源不足が発生した。これまで小刻みな財源補填措置で財政破綻を繕ってきたが，もはや不可能な財源不足となった。
　政府は赤字国債を発行して，政府財政の危機を強行突破したが，地方財政もさきの借入金地方債方式で，実質的には赤字建設債を発行した。しかもその元利償還を交付税で，後年度に措置をするという，曲がりくどい方式を採用した。
　この時点での大蔵省・自治省の選択肢は，次のような3つであった。

第一に，地方交付税の文言・精神を，忠実に実施する選択である。

従来の中央省庁間の解釈は，地方交付税法第6条の3の第2項の「著しく異なる」とは，一割以上の不足が2年以上つづいた場合は，「制度の改正又は……率の変更」を行うと解釈されている。

昭和50年以降の状況は，まさに地方交付税法の第6条の3に該当しており，交付率の引上げ措置を導入することで，具体的には国税三税の交付率を40％に引き上げることであった。

しかし大蔵省は交付率の引き上げをせず，実質的な赤字地方債方式を導入し，本来の地方交付税法の趣旨からは邪道な選択をなした。

第二に，大蔵省が交付率は「地方交付税制度は，少々の過不足があっても，交付税率は変更すべきでないといういわゆる当てがいぶち論の立場にたって」(石原信雄「財政調整論」66頁)，必ずしも変更は必要ないと，交付税交付率の引き上げを断固拒否する，姿勢を貫くかであった。

現実の財源不足を補填するため，地方税の増税を求め国税の移譲などなんらの措置をもしないことであった。すなわち交付税における基準財政需要額は，平衡交付金方式と異なり，全額を補填する制度にはなっていないので，数％値切ることは違法ではない。要するに財源調達は地方財政にゲタを預ける方法である。

第三に，大蔵省・自治省は，もっとも安易な赤字地方債方式を採用して，将来に大きな禍根を残すことになった。しかしこの方式は地方交付税法が想定した方式ではない。

今日の膨大な交付税会計の借入金残高をみると，昭和50年に租税収入折半方式を断行して，国庫は地方財政と縁切りを断行すべきであった。

平成12年度(当初)は13.4兆円という財源不足となった。ちなみに11年度(補正)も14.5兆円の財源不足であり，地方税(平成11年度決算)35.3兆円の約4割であり，交付税20.9兆円のうち国税分は11.9兆円であり，9.8兆円が借入金などの補填措置である。

第8表にみられるように交付税特別会計からの借入金と，財源措置債で事態を糊塗してしまったのである。

第8表　交付税財源不足補填措置　　　　　　　　（単位 億円）

区　分	地方財政計画	財源不足	地方税	交付税増加	（特会借入金）	地方債
昭和50（当初）	220,322	21,831	―	11,200	（11,200）	10,631
51（当初）	252,595	26,200	―	13,700	（13,141）	12,500
52（当初）	288,365	20,700	―	10,350	（ 9,400）	10,350
54（当初）	388,014	41,000	―	17,000	（15,500）	16,400
55（当初）	416,426	20,550	―	24,600	（22,800）	10,300
56（当初）	445,509	10,300	―	10,250	（ 8,950）	6,900
57（補正）	474,256	27,110	―	15,433	（15,433）	11,686
58（当初）	474,860	29,900	―	16,654	（18,958）	13,246
59（当初）	482,892	15,100	―	3,049	（ ― ）	12,051
60（当初）	505,271	5,800	―	1,000	（ ― ）	4,800
61（補正）	535,865	21,973	1,200	5,702	（ 4,502）	15,071
62（補正）	535,865	22,833	1,200	3,828	（ ― ）	17,805
63（当初）	578,198	17,259	1,200	2,045	（ ― ）	14,014
平成元（当初）	627,727	7,600	―	―		7,600
2（当初）	671,402	7,600	―	―		7,600
3（当初）	708,848	6,300	―	―		6,300
4（補正）	779,980	22,882	―	15,682	（15,682）	7,200
5（補正）	856,238	34,272	―	16,675	（16,675）	17,597
6（補正）	828,843	74,821	―	40,808	（36,369）	33,613
7（補正）	896,587	87,722	―	48,912	（42,532）	38,810
8（補正）	871,576	86,278	―	49,533	（36,897）	36,725
9（補正）	879,921	69,205	―	28,865	（18,330）	40,340
10（補正）	949,820	96,957	―	53,288	（36,413）	43,669
11（補正）	917,094	140,461	1,113	107,785	（88,580）	31,563
12（当初）	889,300	133,699	1,328	104,614	（80,881）	29,059

資料　地方財務協会『地方財政要覧』（平成12年12月）84・85頁

主たる財源補填は，交付金会計からの借入金と地方債で，昭和50〜平成12年度までの累計でみると，交付金会計が50兆2,333億円（52.4%），地方債45兆5,830億円（47.6%）でほぼ半々である。財源不足額104兆8,353億円の91.7%を処理している。
　地方債の内訳は財源対策債，減税補填債，臨時財政特例債などであるが，8割が財源対策債であった。このように高度成長を前提条件とした，交付税の膨張政策は，オイルショックによって破綻し，交付税の財源補填機能も崩壊したが，バブル経済期も踏襲された。まさに地方財政における「失われた10年」となった。

§3　借入金方式の重圧

　交付税はここにきて，財源補填システムとして完全に閉塞状況に陥ってしまった。第一に，これだけの巨額の財源不足は，交付税制度の破綻である。地方債と借入金で地方財政は，財源的には補填されたが，システムとしての機能はマヒしてしまったといえる。
　地方交付税は「地方財政平衡交付金における財源不足額補てん方式を踏襲して完全な財源保障機能をもたせた」（石原・前掲「財政調整論」69頁）が，ここにきて保障機能がマヒしてきたことは否定できない。
　昭和50年度は，当初は収支均衡見込みであったが，地方税の減少，国税三税の減税などで最終的には2兆1,831億円の赤字となった。そしてこの財源不足を交付税会計の借入金と財源補填の赤字地方債で穴埋めをし，この方式が以後のベースとなった。
　第二に，昭和53年度には交付税借入金の返済の半分は，国庫の負担がルール化されたが，それでも負担は重い。昭和58年度，交付税特別会計の残高は11兆5,219億円，金利だけで8,000億円をこえた。
　第三に，昭和59年度には交付税特別会計からの借入金方式を廃止し，借入金残高11兆5,219億円を国庫が5兆8,278億円，地方財政が5兆6,941億円を負担することで決着がついた。

第9表　地方交付税借入金償還等の状況　　　（単位 億円）

年　　度	借入金	国費負担	地方負担	残　額	償還期間
昭和 52 ～ 56	84,670	37,942	40,788	—	—
昭和 57（補正後）	17,531	9,814	7,716	—	—
昭和 58 借入金	18,968	10,437	8,521	436	平成 13 ～ 22
昭和 61 借入金	4,502	—	4,502	1,337	平成 13 ～ 22
平成 4 借入金	15,682	—	15,682	5,457	平成 13 ～ 22
平成 5 借入金	16,675	—	16,675	4,875	平成 13 ～ 22
平成 6 借入金	36,369	—	36,369	34,877	平成 13 ～ 38
平成 7 借入金	42,512	—	42,532	42,475	平成 13 ～ 38
平成 8 借入金	41,162	10,226	30,936	40,514	平成 13 ～ 38
平成 9 借入金	23,044	9,722	13,322	23,044	平成 13 ～ 38
平成 10 借入金	63,227	19,038	44,189	63,227	平成 13 ～ 38
平成 11 借入金	88,580	44,260	44,320	88,580	平成 13 ～ 38
平成 12 借入金	80,881	40,440	40,441	80,881	平成 13 ～ 38
合　　計	533,803	181,879	345,993	—	—

資料　地方財務協会編『地方財政要覧』（平成12年12月）88・89頁

　旧自治省は昭和66年度を初年度，75年度を最終年度とする5兆6,941億円の償還計画を策定し，交付税借入金の元利償還をめざした。しかし地方財政の交付税会計からの借入金方式は予測しがたい事態に対応して，借入金を復活している。
　第四に，交付税の基準財政需要額の算定のみならず，交付税の財政状況もきわめて複雑となった。地方財政としては，中央政府の財源措置に振り回され，自主的な財政運営の気概すら減退していく状況にある。
　このような財源補填措置をみてみると，1つは，地方税の増税は，昭和61・62・63・64年度にそれぞれ1,200億円が行われたのみである。2つは，資金運用部資金からの借入金による国地方の貸借関係の発生である。3つは，地方債による財源対策債，減収補填債，減税補填債などの発行である。結局は国の財政と同じように，第9表のように借入金で，赤字を先送りし

ているにすぎない。

しかしいずれにしても地方財政は，大きな借金を抱え込んだことになり，第9表のように平成38年までに返済する計画であるが，平成9年度5,354億円，平成10年度5,852億円で平成13年度には1兆1,182億円と地方財政の圧迫要因となっている。

しかもこのような借入金地方債方式は，地方財政の財源補填よりも，景気対策として公共投資の促進のため導入され，今日，地方財政はその後遺症に悩まされているのである。要するに地方財政は，政府の景気対策の道具として利用され，補助金方式ではなく単独事業方式の推進を督励された。

いずれにせよ政府の景気刺激策に，地方財政は翻弄されたが，交付税による借入金地方債方式という好都合のシステムが考案され，地方財政が借金漬けになった。本来，交付税はナショナル・ミニマムのための財源調整措置のシステムであったが，いつの間にか財源補填，政府施策の道具と化していったのである。

§4　財源補填措置の魔術

交付税はこの借入金・地方債が，からんでくることで基準財政需要額の算出だけでなく，財源不足の資金手当，元利償還の財源調達などの問題が加わり，毎年のように補填財源調達に苦慮する状況になった。

第一に，毎年の財源不足をどうするか，従来ともに資金運用部からの借入金，財源対策・補填債の発行が主要な調達手段であった。

地方税の増税措置などは例外である。平成12年度の財源不足措置は，通常分と減税分をみると，第3・4図のようになるが，大半は借入金・赤字補填債である。

交付税は毎年のように巨額の借入金で，財源不足を補ってきたが，当然，その債務は償還されなければならない。第10表にみられるように，平成20年度には6兆4,850億円の元利償還が余儀なくされている。

35兆円近い交付税債務は，地方債分のみは交付税で措置しているが，平

第3図　財源不足の補填措置　　（平成12年度・通常収支分）

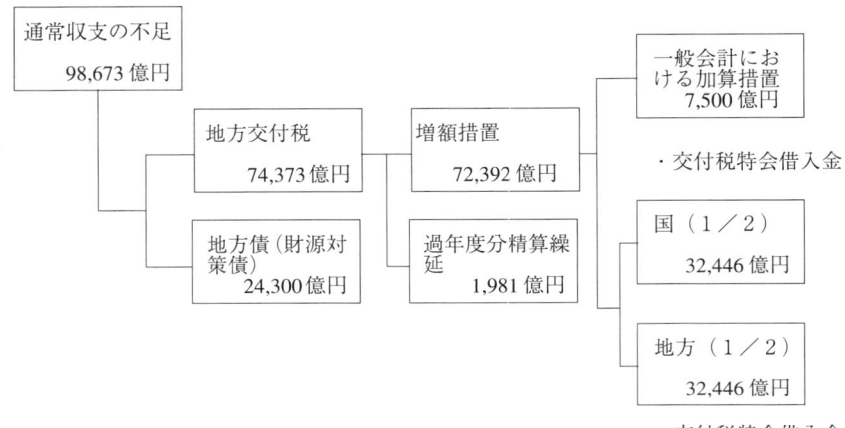

出典　石原信雄『新地方財政調整制度論』211頁。

第4図　財源不足の補填措置　　（平成12年度・恒久的減税分）

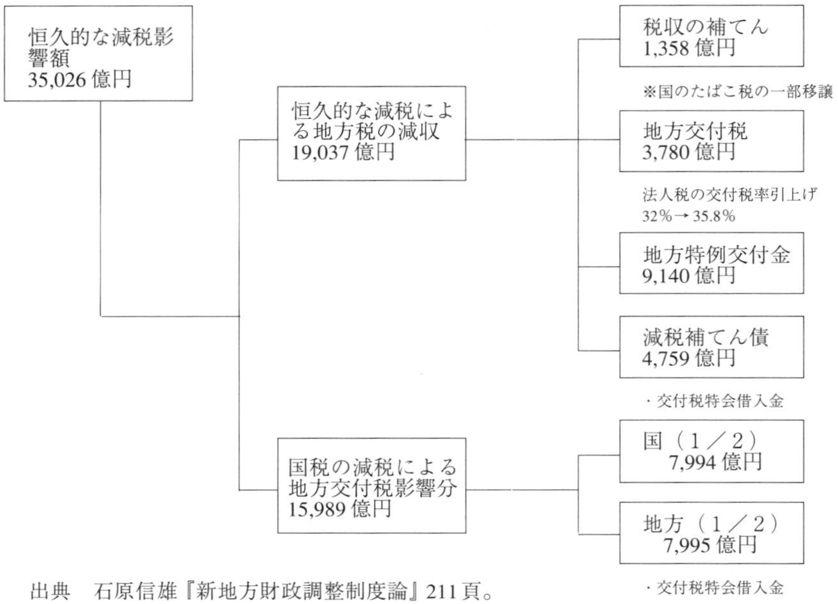

出典　石原信雄『新地方財政調整制度論』211頁。

第10表　借入金元利償還年度状況　　　　（単位 億円）

区　分	償還額	年度末借入金	区　分	償還額	年度末借入金
平成13	18,549	362,768	平成26	15,498	37,284
14	14,690	348,078	27	8,828	28,456
15	17,103	330,975	28	1,784	26,672
16	20,807	310,166	29	1,866	24,807
17	26,029	284,139	30	1,948	22,859
18	31,630	252,509	31	2,037	20,822
19	33,131	219,379	32	2,127	18,695
20	64,850	184,529	33	2,222	16,473
21	38,326	146,203	34	2,323	14,150
22	38,114	108,089	35	2,428	11,722
23	19,987	88,102	36	3,737	7,985
24	17,980	70,122	37	3,905	4,080
25	17,340	52,783	38	4,080	―

資料　地方財務協会編『地方財政要覧』（平成12年12月）88・89頁。

成12年度基準財政需要額のうち「地方債元利償還金分の額」は第11表にみられるように，総額6兆2,859億円となっている。

　要するに地方団体は，既発債の元利償還金であり，交付税支給額が実質的に増額されたわけでない。このように交付税もいわゆる水膨れ現象が，今後ともつづくのである。このことは交付税総額はふえても，過去の地方債元利償還額であり，真水の交付税はすくなくなっていくのである。

　交付税の実態は，制度的には'死に体'であり，機能的には'麻痺'症状にある。しかしこのような事態になるまで，交付税は地方財政の面倒をみる責務があるのかである。

　たとえば交付税の財源補填は，国税減税分の補填を減税補填債で措置をしているが，地方財政レベルで増税によってカバーするか，歳出削減で埋

第11表　交付税「地方債元利償還金分の額」　　（平成12年度）

事　業　項　目		金　額（比　率）
1　減税等財源対策関連(減税補填債、財源対策債、減収補填債、補正予算債等)		24,015億円（5.1%）
2　公共事業関連		38,842億円（8.3%）
（1）　公共事業等関係		18,266億円（3.9%）
（道路・河川・港湾・下水道、義務教育、廃棄物、義務教育、公共用地先行取得等）	うち義務教育施設	3,387億円（0.7%）
	下水道	4,568億円（1.0%）
	道　路	4,258億円（0.9%）
	廃棄物	1,510億円（0.3%）
	河　川	873億円（0.2%）
（2）　災害関係（災害復旧、公害防止等）		9,448億円（2.0%）
（3）　その他の事業		11,128億円（2.4%）
（過疎、辺地、地域総合整備事業、地域改善等）	うち過疎・辺地	3,078億円（0.7%）
	地総債	7,489億円（1.6%）
合　　計		62,859億円（13.4%）

注1　上記の計数は、平成12年度の基準財政需要額のうち、各団体の地方債発行額に応じて、公債費方式及び事業補正方式により地方債の元利償還金を算入した額を集計したものである。

注2　( )内は、基準財政需要額（総額470,169億円）に占める割合を示す。

出典　地方交付税制度研究会編『平成13年度・地方交付税のあらまし』46頁。

め合わせるか，地方財政サイドで，自主解決の方策を模索すべきである。

　地方財政は国庫からできるだけむしりたかるのが，得策という考えは，そろそろ払拭すべきである。

　地方財政は経済不況のさなかでも，公共投資による景気対策を錦の御旗として，基準財政需要額を膨らませてきたが，本来，交付税はこのような政策的経費を手当てするための制度ではない。

　旧自治省も財源確保を最優先し，その財源がどう運用されるかは，給付後にラスパイレス指数などの減量指導で，十分達成できると踏んでいた節がみられる。しかし現実は交付税が，自治体の厳しい財政運営マインドをスポイルしていることは否定できないであろう。

第二章　地方交付税の算定課題

一　交付税論争の論点

§1　交付税過保護論争

　地方交付税の算定は，段階補正による弱小町村の庇護，事業費補正による投資的経費の優遇をベースにして，各自治体に配分された。しかし補助金化した交付税にもとづいて町村はいたずらに箱物行政にのめり込み，「ふるさと創生」には失敗し，財政負担の傷跡だけが残った。交付税が一般財源であるというセオリーに忠実にもっとフリーな財源を過疎村に付与していれば，ふるさとは甦ったかも知れなかったのである。
　要するに地方交付税の算定問題は，数値の算出方法の問題でなく，極論すればイデオロギーの問題である。たとえば開発重視か生活保護かの政策選択であり，過疎地域の救済か過密地帯の再生かの選別である。
　交付税は昭和30年度以来，好況不況に関係なくその交付額をのばしてきたが，まず交付税の総額について風当たりは厳しくなり，交付税が自治体を庇護し，地方財政の放漫化の誘因との批判が高まってきた。
　しかし地方財政の困窮度は，交付税の財源調整措置の被害者と恩恵者の間で，はっきりと明暗がわかれている。東京都・大阪府などは，きわめて苦しい立場にある。とくに不交付団体の東京都は，平成不況に喘いでいる。
　このような交付税過保護論争には先にみた，財政力格差是正における逆財源調整措置などの問題があるが，技術的には交付税基準財政需要額の算出に関する問題である。
　典型的事例は第一に，行き過ぎた財源調整操作の問題である。要するに交付税算定における財源調整，単純化すれば段階補正の係数処理の問題で

ある。都市的財政需要を過少算定し，過疎的財政需要を拡大算定した結果の現象であるとの批判である。

交付税の段階補正の結果，人口1,000人以下は1人当り需要額は122.6万円，4,000人以下は58.1万円，人口8,000人以下は37.1万円，人口1万2,000人以下は23.0万円，人口2万人以下は22.3万円と減少していくのである。

しかしこれほど段階補正を小規模町村に適用したため，交付金算定システムの調整機能の限界をこえてしまった。極論すれば愛知県富山村（平成11年度，人口219人，財政力指数0.05，地方税2,133万円）の交付税は，4億2,331万円であるが，合併して人口1万人になれば，1人当りの交付税145万円が27万円と五分の一に激減する。実質的交付税は1億円を下回ることになり，これでは合併補正をいくら動員しても，町村合併へのインセンティブは働かない。

小規模団体と段階補正そして合併について，旧自治省は「地方交付税の算定上不利となるような取扱いをするなどといったことはいささか問題である………あまりにも強要的で，地方団体の基本的な財源保障制度である地方交付税になじまない」（兵谷・前掲「地方交付税」124頁）と反論している。

また地方交付税は「特定規模の市町村に有利，不利になるように意図的に行われるようなものでないのであるから，この段階補正のあり方を市町村合併の促進と直接結びつけて考えることはやはり適切でない」（兵谷等前掲「地方交付税」130頁）と擁護している。

たしかに交付税は他の行政目的に利用すべきでないが疑問が残る。第一に，交付税で合併補正をすることは自粛すべきである。第二に，小規模町村のスケール・デメリットは算入するが，大都市のスケール・デメリットは算入しないのかである。第三に，段階補正の算定そのものが適正かである。

平成7年の実績では，富山村の村長の給与は月額63万円で，奈良県生駒市（人口10.6万人）の市長給与の月額は97万円である。人口1人当りでは353.6倍の割高となる。

しかしこのような現状追認はおかしい。小規模な自治体としては，経費

削減の方法はいくらでもあり，それこそ小規模自治体のスモール・メリットを活用すべきである。要するにこのような現実をみると，交付税の段階補正とか僻地補正などの算定方式は，疑問の多い方式であることが立証できる。

　第二に，基準財政需要額の算出における，過剰な投資的経費の優遇措置である。事業費補正，建設地方債の元利償還費算入などの交付税の特例的措置である。このように交付税は多くの特別措置を導入して，補助金化していったが，これは交付税が財政需要に接近するための措置であると主張されている。

　すなわち「算定の中立性・客観性を重視するあまり基準財政需要額が現実の財政需要とかけ離れてしまうならば，かえって財源配分の不公平を招きかねない」（兵谷等前掲「地方交付税」217頁）といわれている。

　しかし事実は逆ではなかろうか，"あるべき財政需要"は捨象され，事業費補正をはじめとする補正によって，ますます基準財政需要額の算定は，小規模団体に傾斜し公共投資を優遇し，政府施策に即応する算定への傾向を深めていった。

　そもそも過疎村の再生を，交付税の特別措置で実施することは，交付税制度の本意ではない。過疎対策費として投資的経費でなく，自由な一般行政費で付与すべきであった。

　一方では一般都市自治体は，環境・福祉・文化・都市再生などの基準財政需要額算入の絶対的な不足に悩まされていた。都市自治体は，生活サービス行政を重視すれば，財政的冷遇を覚悟しなければならない。また中小都市自治体は財政力が貧弱であっても，小規模団体のように交付税にはめぐまれない。

　さらに政府施策を迎合することなく，環境保全行政などを展開していけば，交付税での算定で不利を免れない。政府は循環型社会形成を叫ぶが，リサイクル活動に対する市民団体活動奨励金などの費用は算入されていない。

　しかも近年，古紙集団回収などで逆有償が発生しているので，多くの市

町村が,市民集団回収運動に古紙1kg当り2～6円を支援金を支出している。しかし基準財政需要額は啓発費165万円,講演会費110万円が,10万人の標準団体で算入されているだけである。

このように各自治体において,多様な財政需要はいくら補正係数を駆使しても,算定不可能な変化をもっている。

すなわち交付税の基準財政需要額の算定は技術ではなく,地方行政費として何を認知していくかの姿勢・認識の問題なのである。もし中央官庁と地方団体との間に地方行政の使命感の認識において,大きな相違があれば,どのように補正係数を駆使しても,あるべき基準財政需要額からの乖離は避けられないのである。

§2 交付税原点への回帰

交付税は基本的使命に忠実に算定して,交付税の中立性・透明性・簡素性を充足するものでなければならない。今日の交付税をめぐる問題も,交付税の本質が歪められ,軽視されている問題である。

第一に,地方行政における政府施策の優遇措置への批判である。交付税が自治体に一般財源を保障し,その財政運営の自主性を保障することにある。交付税の簡素化には,交付税は財源調整・保障機能は担うが,政策選択機能は各自治体の政策実施にゆだねるという,中央官庁の雅量がなければならない。

より基本的問題は中央省庁が,政策的先見性を多くの場合はもっていないことである。したがってゴミ問題にどう対処していくか,交付税の責務は財源を十分に付与することであって,特定の政府施策を重視し算入していくことは,却って政策選択を誤ることになる。

ことに地域開発による地方税減免措置の算入とか,政府政策の事業費算入は廃止すべきである。まして各公共事業における地方債元利償還財源の算入も廃止し,減価償却費方式に変更すべきである。

交付税は地方行政におけるナショナル・ミニマムに対応する,財政需要

額を算定することである。地方財政の実際の支出に必ずしも即応することでもなく，政府の地方財政政策を，忠実に反映した需要額の算定でもない。

あくまでも標準的な財政需要であり，特定的需要は特別交付税，国庫補助金で措置されるべきものである。

第二に，交付税の補助金化への批判で，交付税は行政的に中立的に算定されているか疑問である。旧自治省の政策的需要の算入は，財源保障機能に必ずしも忠実とはいえない。むしろ逆で本来の基準財政需要額を削減し，地域開発などの需要を優先的に算入している。基本的な財源保障の原則・基準もなく，自治省の配慮だけて得手勝手に決めてよいのであろうか。

要するに旧自治省が，政策的重要性を勝手に判定し，基準財政需要額に過剰に算入していることである。「地方の要望のうち自治省が『標準』と認めたものが基準財政需要額に組み込まれるのである」(神野直彦等『地方に税源を』120頁) と批判されている。

すなわち国の政策判断で事業ごとの財政配分を決定し，それに合わせて財政需要を枠にはめており，まさに「プロフルステスのベット」といわれても仕方がない。

交付税は高度成長期に事業費補正を導入して，累積的加速度的公共投資を支援するシステムに転換させていったが，自治体財政を開発競争に駆りたてる要因となった。

しかもこのような事業費補正が，公共投資全部に一斉に適用されたのでなく，まず港湾，ついで道路と開発関連に適用され，下水道などへの適用に10年以上の遅れがみられた。この間に地域社会の公共投資は，いびつな構造をもつことになった。地方交付税が政策的に中立というのは，神話の域に属する話である。

第三に，交付税は特定例外的行政費用は算入すべきではない。たとえば保育所行政において，ゼロ歳児保育費は算入すべきであるが，長時間保育は算入すべきでない。この程度の需要は，各自治体の創意工夫で処理すべ

きである。そのため基準財政収入額は，町村では75％の算入なのである。

　交付税は先進的特異的行政費用は，算入できない限界がある。すなわち全国的で地方行政の責務として，容認できるようになるまで算入できないのである。

　たとえばボランティア基金は，全国的行政費目として成熟しつつあるが，それより公共施設における用地費算入のほうが，財政需要として優先的に算入されるべきである。政府は平成3・4年度に単年度限りの措置として，「地域福祉基金費」を設定し，算定のかさ上げを段階補正・態容補正などで措置している。

　しかし「ふるさとづくり事業」のように，特定事業費として算定すれば，交付税の補助金化となり，間接的な単位費用のかさあげでは，地方団体が必ずしも創設する保障はない。もし交付税で措置をしたから，各自治体で必ず創設するように義務づければ，交付税制度に違反するである。

　第四に，交付税の算定過程への批判である。交付税の複雑性・不透明性については，「国庫補助金が具体的にどの箇所にいくら交付されたかが明らかなのに対し，地方交付税では具体的な金額は計算の過程の問題であり，算出に関与しない者にとっては結果的には総額としてしか把握できないため生ずることかもしれない」（兵谷等前掲「地方交付税」70～71頁）と判断している。

　重要なことは精緻な計算が，必ずしも自治体の財政需要に合致するとは限らない現実である。自治体の目的・経済社会の変動，市民の生活ニーズなどをいかにふまえて，算定していくかのイデオロギーの問題と無縁でないからである。

　また補正係数については，事態に即応していくには補正係数は必要であり，「単位費用は道府県分，市町村分でそれぞれ一本とし，そのかわり各地方団体ごとに異なる測定単位について一定の係数を乗じることによって補正し，測定単位当りの経費が割高，割安となるのを反映することにしている」（兵谷等前掲「地方交付税」92頁）と弁明されている。

　しかし交付税が一般財源であり固有財源であるならば，複雑なシステム

であってはならない。自治体の財政需要を犠牲にしても，簡素で透明なものでなければ，交付税のもつナショナル・ミニマムの保障機能が形骸化してしまうのである。

　地方交付税の算定・配分のシステムは，複雑であり精緻である。世界に冠たる日本の交付税システムも，精密な補正係数を数個も掛けるという数値操作をすればするほど，自治体のあるべき地方財政から，遊離していくという自己矛盾を内蔵している。

§3　交付税簡素化と測定単位重視

　交付税の算定は精緻にすればするほど，実際の住民ニーズとは乖離する矛盾である。認可保育所の需要算定を充実すればするほど，無認可保育所支援に力点をおく，自治体財政は不利な算定となる。

　要するに6歳以下の幼児数を単位費用として，積算したほうが，住民ニーズに即応した保育行政の基準財政需要額の算定となる。先にふれたように交付税は，なぜ測定単位を限定・単純化して，補正係数を多く適用するのか。

　この算定方式は中央官庁の施策的意図が，それだけ濃厚に反映しやすい算定方式と化している。しかし算定方式の単純化が，より実態に即応するというパラドックスを理解すべきである。

　地方交付税の交付金化・配付税化が理想であるが，交付税の枠組みのなかで，交付税算定方式の簡素化をめざすとすると，発想を転換させて実施することである。

　今日の地方交付税が複雑となり，補助金化していることについて，制度的批判が高まってきた。中央官庁サイドでも「地方交付税制度が創設以来徐々に複雑化してきたことは…………紛れもない事実」（兵谷等前掲「地方交付税」96頁）であり，その簡素化は避けられないと容認されている。

　交付税の簡素化の方向として，「補正の整理統合を行うしか方法はない」（兵谷等前掲「地方交付税」96頁）としている。

交付税の基準財政需要額算定計算を複雑にしても，算出結果はますます実態から遊離している事実である。山村僻地の町村で森林涵養の費用がほしいが，算定は箱物予算が圧倒的に多いことである。
　極論すれば土木費は人口と面積で算出し，自治体が自由に使用できるようにするほうが，交付税が一般財源・自主財源である趣旨に合致する。
　このような交付税算定の係数操作に対して，単純化が要望されてきたが，「今日の地方交付税は，財源調整の機能と併せて財源保障の機能をもっている。それが，経費の合理化を促進する作用にもなるのであるから漠然とした人口や面積だけでは荒すぎて話にならない」(柴田護『地方財政のしくみと運営』194頁) と反論されてきた。
　交付税における技術問題として，行政費目・測定単位を多くするか，補正係数を多くするかの選択である。
　交付税があらゆる行政項目を算入して，膨大な算出となっているとの批判に対して，「地方交付税が膨大なものとなっているとしても，それは地方団体が行うあらゆる分野の仕事をカバーしているからであって，その個々の内容からみれば国庫補助金と比べて決して難しいシステムになっているとは考えられない」(兵谷等前掲「地方交付税」70頁) と反論されている。
　しかし交付税が，自治体のナショナル・ミニマム，シビル・ミニマムだけでなく，多くの政府施策を優先的に算入して，膨大化されていることは否定できない。高度成長期の開発土木費であり，低成長期の景気対策費である。
　第一に，交付税が複雑・難解の元凶は，補正係数にある。測定単位を多くして，補正係数を抑制する方法を導入する。
　社会福祉費は児童福祉，障害者福祉など，すべてが一本化されている。近年さすがに高齢者保健福祉費は行政費目として分離独立させ，高齢者人口を測定単位として採用している。
　測定単位の基本的方針では児童手当，障害者手当など多くの行政費目を創設して，測定単位も児童手当，障害者手当などを設定していくべきである。そのぶん補正係数を廃止・抑制・簡略化していけばよい。

測定単位を多くし基準指標の乗数操作だけで,十分に実態に近い財政需要の算出は可能であり,このような簡素化された方式で大きな誤差は発生しないであろう。

　ことに教育・福祉・衛生行政などの行政サービスに対しては,交付金方式で児童数,学校面積,高齢者数,福祉施設数などの行政指数を基準にして配付するので,配分にともなう事務はきわめて簡単である。

　自治体も補助金のように実績清算方式でないので,個々の行政サービスをみると,超過負担・逆超過負担が発生し,財政負担がふえる恐れがある。しかし係数方式でもある程度の係数を組み合わせていけば,地方自治体間で多少のプラス・マイナスがあっても,それは辛抱できる範囲内に納まるはずである。

　たとえば介護保険でみると,交付金方式で65歳以上の人口を基準にして,65〜74歳,75〜84歳,85歳以上と年令で区分し,1.0,1.2,1.5などの補正係数を掛けていけばよい。たとえば大都市と過疎地の物価差の補正をどうするのか,しかし大都市には規模の利益があり,相殺されるであろう。

　第二に,補助金事業は交付税に吸収し,交付金方式で別途算定すべきである。義務教育交付金・生活保護交付金・公営住宅交付金などである。現行の交付税システムのように抽象的算出方式でなく,児童数,保護世帯戸数などを測定単位とし,基準財政需要額を算出する。

　補助金措置がある以上,この厳然たる事実を無視することなく,補助裏を査定していけば,大きな誤差はないはずであり,交付金方式より正確である。

　交付税は精緻な算定を誇っているが,社会福祉費を人口ですべて処理し,単位費用の算定には精密な積み上げ方式で積算しても,基礎となる算定係数が人口では無理があるし,このような無理な基準数値にもとづいて,複雑な補正係数を適用しても,正確な財政需要の算出は不可能なのである。

　第三に,補正係数の廃止・簡略・抑制で,補正係数は基本的には廃止す

べきである。ただ補正係数でも段階補正，事業費補正と，その他の補正とは区別しておく必要がある。

まず段階補正などについてみると，大規模地方団体には規模の利益が作用するとしているが，多くの行政コストはスケール・メリットは作用しない，小学校・保育所・道路・公園・下水道などである。

スケール・メリットが作用するのは，一般行政費であるが，住民登録などでも大規模市町村ほど住民移動がはげしく，住民の確認事務も必要となってくる。交付税が好んで導入する"動態的"行政需要である。

スケール・デメリットが発生するのは，人口1万人以下の町村である。したがって段階補正といっても，所得税における累進税率の反対の累退税率を適用し，基礎控除と同様の基礎的費用を，人口基準で配分すればすむ問題である。交付税でも人口規模で割り増し，割り落し方式を導入している。

しかも密度・態容・遠隔・へき地など，同種の補正係数が何重にも適用され，しかもこれらの補正係数が相殺関係にあり，結局は人口にもとづく単純段階補正とかわらないことになる。

補正係数で複雑な計算をしているが，それは机上演習であり，官僚の知的遊戯の産物であり，しかも交付税の透明性・説明性をぼかしているという，致命的マイナスをひきおこしている。

事業費補正は当初の減価償却方式に復帰すべきである。今日の地方行政は施設主義を早期に脱却すべき転機にある。

平成14年度の交付税においては，事業費補正の縮小，段階補正の見直しなどの措置が注入されようとしている。すなわち公共事業における地方債元利償還金の算入率の引下げ，地方単独事業における地域総合整備事業債の廃止などである。

しかしこのような小手先の手直しでなく，思い切った改革としての事業費補正の全廃，測定単位方式をベースとする算定方式へと変革すべきである。そして全自治体の一般財源の均一化均衡化への財源調整措置のコペルニクス的転換である。すなわち大阪府と島根県の一般財源は同一水準であるべきであり，逆財政力格差是正への交付税制度の抜本的改革である。

二　交付税算定の方式

§1　基準財政収入額の恣意性

　交付税の基本的仕組みは，それほど複雑でなく，第5図にみられるように，基準財政需要額から基準財政収入額を引き去り，マイナス分が交付税で措置される。

　まず「基準財政収入額」につてみると，第一に，基準財政収入額は地方税・地方譲与税，補助金などの合計が歳入とみなされる。しかし第5図にみられるように地方税は府県は80％，市町村は75％だけが，歳入額として算入される。

　これは交付税収入として全額算入すれば，地方団体の自主財源が枯渇し，地域社会の需要に対応した，自主事業がまったく不可能となるので，独自財源を認めたのである。

　さらに交付税算定において，基準財政需要額を正確に算定することは，もともと不可能であり，需要額算定そのものが概算でよく，100パーセント需要額を算入すべき性質のものではない。

　なぜなら基準財政収入額を100パーセント算入すれば，基準財政需要額を100パーセント算入しなければならない。しかしこのような正確無比な算定は，そもそも不可能であり，交付税で地方団体を完全に拘束する，絶対的中央集権行政の土壌を培養することになる。

　また基準財政収入額を100パーセント算入しないのは，地方財政に余裕財源を残しているのでなく，ナショナル・ミニマム的行政でも超過負担があり，例外的需要は必ずある。

　たとえば保育所で事故もあれば，運動会もあり，保育士も病気をするで

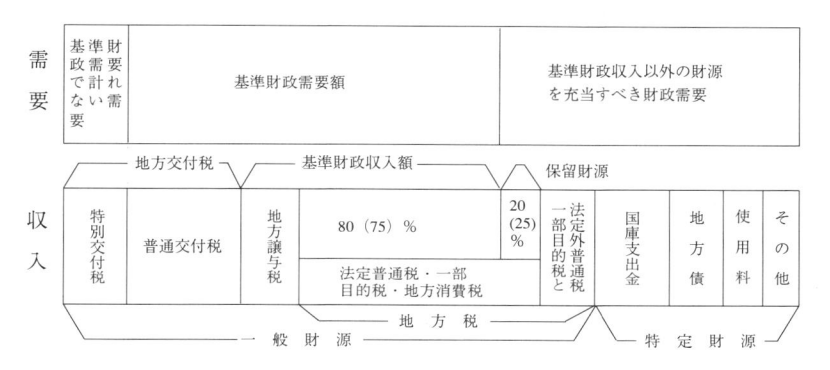

第5図　基準財政収入額と基準財政需要額の関係

需要	基準財政で算入されない需要	財源計れない需要	基準財政需要額		基準財政収入以外の財源を充当すべき財政需要					
	← 地方交付税 →		← 基準財政収入額 →		← 保留財源 →					
収入	特別交付税	普通交付税	地方譲与税	80（75）%	20(25)%	一部目的税と法定外普通税	国庫支出金	地方債	使用料	その他
				法定普通税・一部目的税・地方消費税						
				← 地 方 税 →						
	← 一 般 財 源 →						← 特 定 財 源 →			

あろうし，予測できない需要が発生するが，すべてが基準財政需要額に算入されていない。したがって基準財政収入額は，100パーセント算入すべきではないのである。

　むしろ府県はともかく市町村は，算入不可能の事務・事業をはるかに多く抱えてており，算入率75％は厳しい算入率であり，70％に減額されるべきである。

　第二に，不交付団体の超過財政収入について，臨時行政調査会（第3次基本答申・昭和57年7月30日）は「普通交付税不交付団体の超過財源についても，今後，不交付団体数や超過財源の状況にも留意しつつ，財源の均てん化の方向で検討する」と勧告している。

　しかし交付税の基準財政需要額は，必ずしも都市的財政需要を十分にかつ正確に算入していない。むしろ交付税措置を考えると，財政力指数1.00の地方団体がもっとも苦しいのである。

　超過財源の均てん化は，基準財政需要額算定を考えると，逆財源調整措置となり，交付税による地方財政の不公平をますます肥大化さすことになる。おそらく都市的需要を十分に算入すると，超過団体は市町村では，財政力1.5以上の市町村であるが，該当額はごく少額にすぎない。

　むしろ地方財政超過額をいうならば，収益事業団体の事業収益のほうが

$$\boxed{標準的な地方税収入} \times \boxed{\begin{array}{c} 80／100（道府県） \\ \hline 75／100（市町村） \end{array}} + \boxed{地　方　譲　与　税　等}$$

問題である。この点については，「ギャンブル収入の多寡が地方団体の財政力格差を生んでいるとき，これを交付税基準財政収入の算定でまったく考慮しないのは問題といえよう」（佐藤進『地方財政総論』104頁）と指摘されてきた。

　たまたま開催団体であるというだけで，巨額の税外収入があるのは不合理で，2，3割は調整されるべきであり，現に地方公営企業金融公庫へ金利抑制のため納入されている。

　超過財源削減として留保財源の削減は，むしろ基準財政需要額のなかの政府施策需要を削減していくべきである。交付税の改革方向としては，このような付加的財政需要額を削減し，留保率は市町村については引き上げていき，自治体の政策的自主性を保障していくべきである。

　第三に，地方税収入は，実際の地方税収入額が算定されるのでない。本来の地方税収入として収入されるべき収入額を，課税客体の数値などをベースとして算出されるのである。

　もっとも分離譲渡所得税，法人割，利子割，地方消費税，不動産取得税，特別土地保有税，たばこ税などは収入額が明確なので課税実績が適用される。

　超過課税・法定外普通税などが不算入であるのは，当然である。自己の財政努力によって得た収入が算入されるようでは，自治体の経営マインドがすたれてしまうからである。

　第四に，目的税の算入は問題がある。道路譲与税が算入されているのは，全国的譲与税であり，需要と収入が明確であるから当然であり，都市計画税が任意課税税目であるから不算入でこれまた当然である。

　しかし事業所税が算入されるのは不当である。なぜなら大都市行政需要として，高速道路建設費，地下鉄事業費などへの需要算定との関連で決定

されるべきある。もし大都市需要の基準財政需要額が不十分で，歳入のみが算入されておれば，基準財政額の収支はマイナス査定となるからである。

第五に，政府の地域開発関連法など，租税減免措置による減収補填としての基準財政収入額からは除外されている。低工法（昭和37年），産炭法（昭和37年），過疎法（昭和45年度），農工法（昭和47年），沖振法（昭和48年）などであるが，有名なリゾート法（昭和63年）も対象となり，最近では中心市街地法（平成11年），原発地域振興法（平成13年度）などである。

要するになんでもありという対応であるが，これら地域振興費は補助金・地方債で処理すべきであり，交付税措置まですべきでない。当該地方団体が減免をしたいのであれば，自己財源で措置すべきであり，そのための基準財政収入額の75～80％算入なのである。

§2　基準財政需要額と補正係数

つぎに「基準財政需要額」についてみると，基準財政収入額は「行政費目」が選択され，その行政費目について「測定単位の数値」×「単位費用」×「補正係数」で算出される。市町村の消防・土木費についてみると，第12表のようになっているが，それぞれの点で問題がある。

個別の基準財政需要額算定の要素についてみると，「行政費目」，「測定単位」，「費用単位」の設定において，自治省の裁量が行使されるが，特に問題が多いのが「補正係数」の適用である。

$$\boxed{単位費用} \times \boxed{測定単位} \times \boxed{補正係数}$$

第一に，「行政費目」についてみると，交付税はどうしても既存行政を優先的に採用するので，新しい行政需要は採用されにくい。高齢者福祉行政，環境保全行政，廃棄物処理行政などは，それが普遍的行政であっても，中央省庁がオーソライズしなければ採用されない。

行政費目は典型的な行政項目が採用されるが,市町村分でみると下水道費は昭和30年代は導入されていない。その他の土木費で処理されていた。
　また清掃費も昭和30年代は保健衛生費のなかにふくまれており,交付税における行政としては認知されていなかった。そのためこれら生活行政は,基礎的行政需要でも,政府の意向でどうしても基準財政需要額の算定上不利は免れなかった。
　注目されるのは,費目として公債費が設定され,その項目が次第に多くなりだしたことである。都道府県でみると地域改善対策事業費,公害防止事業費,石油コンビナート債費,地震対策事業債費,地域財政特例対策債費などである。
　行政費目の新設はこのような経過からみると,全国的財政需要としてひろく一般に認定され,自治体内部でも市民権を得られるまでに成熟してい

第12表　交付税算定方式の事例（市町村平成9年分）　（単位 円）

行政項目		測定単位	単位費用	補正係数
	消防費	経常費	人口	10,700	段階・密度・普通態容・人口急増等
土木費	道路橋梁費	経常費	道路面積	122,000	普通態容・寒冷
		投資的経費	道路延長	660,000	普通態容・投資態容・寒冷
	港湾費	経常費	施設延長	35,100	普通態容・寒冷
		投資的経費	施設延長	8,460	投資・事業費
	都市計画費	経常費	都市計画区域人口	1,390	普通態容・寒冷・人口急増
		投資的経費	都市計画区域人口	1,270	普通態容・投資補正・人口急増等
	公園費	経常費	人口	673	普通態容・寒冷・密度・人口急増
		投資的経費	人口	303	普通態容・投資・人口急増・事業費
			都市公園の面積	面積	42,800	普通態容・人口急増・事業費等?
	下水道費	経常費	人口	160	普通態容・密度補正
		投資的経費	人口	102	普通態容・密度・事業費
	その他土木費	経常費	人口	1,590	段階・普通態容・寒冷・人口急増等
		投資的経費	人口	546	投資・事業費・人口急増

注　漁港経費省略
資料　『地方交付税制度解説』

なければならない。

　問題は行政費目の設定はきびしいが、特定的行政費目としての追加設定はかなりルーズである。たとえば市町村では辺地対策事業債費、過疎対策事業債費など、これらは補助金とまったく同じであり、その何割かは交付税に算入されるので、交付団体にはストレートに財源メリットがある。

　第二に、「測定単位」について妥当性と、客観性が必要といわれている。たとえば消防行政では「火災の発生件数」「消防署の数」では「『職務に熱心な町長』が、毎晩放火をして歩いたり、消防署を数多く建設するようになっては困る」（岡本全勝『地方交付税・仕組と機能』120頁）といわれている。

　しかし警察費は警察官数であるのに、消防費は人口が測定単位というのはバランスを欠くのではなかろうか。警察官は増員すれば交付税は増加するが、消防職員は増員しても交付税には反映されないという、奇妙なメカニズムがはたらいている。

　同じように道路は面積・延長であるのに、公園は人口である。このことは同じ土木費のなかで、道路は実績主義であり、公園は係数主義である。そのため道路は建設すれば基準財政収入額に跳ねかえるが、公園は建設しても交付税では無駄な投資であり、基準財政収入額に反映しない。したがって地方団体は公園建設のインセンティブは、すくなくとも交付税からは発生しない。もっとも最近、都市公園費がやっと設定された。

　さらに測定単位がきわめてラフな数値であるが、補正係数がやたらと多く精緻なことである。たとえば市町村の社会福祉費は人口であるが、社会福祉事業費は人口、児童福祉費は児童数、身体障害者福祉費は身体障害者数、知的障害者福祉費は知的障害者数、児童手当費は児童手当受給者数など、関連の該当者数を測定単位とすべきである。

　このことは小学校費の測定単位が児童数、学級数、学校数であり、高齢者保健福祉費が65歳以上人口、70歳人口と区別している。このように行政項目について、2つ3つの測定単位を採用しているのと比較しても、社会福祉費がきめの荒い、測定単位であるとの批判はまぬがれないであろ

う。

　測定単位が福祉全体で人口一本で，補正係数がむやみと多いので，行政費と需要費との関連性が切断されている。このことは交付税の補助金化ではなく，交付税の基準財政需要額算定の正確性・透明性の問題である。

　第三に，「単位費用」であるが，個別行政費を積み上げ方式で算出している。市町村では10万人を基準としているが，学校給食は給食事業員4人となっている。

　そもそも「児童数」を単位とする「児童経費」の積算の内訳をみても，具体的な経費のイメージは湧いてこない。むしろ給食単価で算定したほうが具体的である。修学旅行経費，校外活動経費，光熱水費（プール費）など，その他費用で処理できる。

　この単位費用に数個の補正係数を適用するので，ますます実際の行政費用からかけ離れていくことになる。要するに学校経費では，学校歯科医・学校薬剤士などの費用も計上されているが，警備員の算入はない。また教員の家庭訪問の交通費などはどうするのであろうか。

　これでは要求漏れの多い町村予算要求書とおなじで，単位費用の経費ベースにはなりえないのではないか。要するに主要経費のみを測定単位方式で算出して，あとはその他経費として概算でよいはずである。

　基準財政需要額の算定において，行政項目とか測定単位といった基礎的な算定要素で粗雑な方式が採用されているのに，補正係数などの裁量的操作には異常なまでに精緻な計量数式が挿入されているのは不可解な点である。

§3　補正係数中立性の喪失

　問題が多く，その存在・効用が疑問視されるのが，補正係数である。第一に，種別・段階・密度・態容・寒冷・数値急増・数値急激・財政力など，第6図のようにかなり多くあるが，その効用・有効性への疑問である。

　そのため中央省庁の裁量権が大きくなり，財政需要額をどのように料理

することも可能となる。補正係数はかなり数値操作が自由なので,「科学や技術は中立的ではあり得ない。それを誰が利用するかによって公共の福祉ともなり,害悪ともなる」(島恭彦『現代地方財政論』昭和26年、有斐閣、198頁)と危険視されてきた。

しかもこれら補正係数が数個も掛け合されるので,財政需要の実態と一致しているかどうか,検証することがきわめて難しいのである。

代表的な補正係数としては,「種別補正」は普通高校と工業高校の生徒1人当たりの測定単位の差による補正,「寒冷補正」は文字どうり寒冷地方は,行政コストが割高であるための補正,「段階補正」は地方団体の規模による単位費用の補正である。

規模の利益による補正は,「密度補正」は交通量の差などによる単位費用の差による補正,「態容補正」は都市か農村的かの差による補正であり,「普通態容補正」は市町村の場合は20種類に分類し,地価・物価などからの補正,「投資態容補正」は投資補正と事業費補正にわかれ,投資補正は

第6図　地方交付税における補正係数の概要

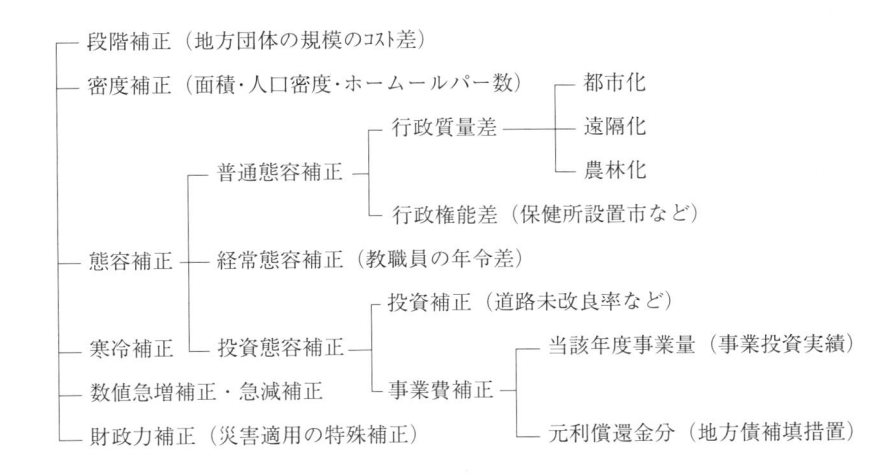

- 段階補正（地方団体の規模のコスト差）
- 密度補正（面積・人口密度・ホームールパー数）
  - 都市化
  - 遠隔化
  - 農林化
- 態容補正
  - 普通態容補正
    - 行政質量差
    - 行政権能差（保健所設置市など）
  - 経常態容補正（教職員の年令差）
  - 投資態容補正
    - 投資補正（道路未改良率など）
    - 事業費補正
      - 当該年度事業量（事業投資実績）
      - 元利償還金分（地方債補填措置）
- 寒冷補正
- 数値急増補正・急減補正
- 財政力補正（災害適用の特殊補正）

道路の未改良・未舗装率などで必要投資を補正，事業費補正は投資実績にあわせて，基準財政需要額を算定する補正である。

　第二に，補正係数の妥当性への疑問である。どのような補正係数を設定するのか，また補正係数の基準を何に求めるのか。さらに補正の度合いをどうするかである。

　たとえば寒冷補正があれば，台風補正がなければ釣り合わない。寒冷地域は東北などであるが，一般に温暖な西日本は台風の常襲地帯であり，台風に直撃されなくとも，職員の待機手当とか台風被害の防止のため，事業費は割高となる。

　また社会福祉費（平成9年度）の段階補正をみてみると，標準団体（人口10万人）では単位費用は6,830円（指数1.00）であるが。人口4,000人では11,807円（1.729），人口200万人では5,155円（0.755）となっている。

　このような補正は綿密な実態調査によるのでなく「大都市では人口が集中しているので効率よく行政ができコストは低い」という先入観によっている。住民登録などの行政費では通用するが，在宅福祉サービスでは人件費が高く，地価も高いため割高となり，「こうした数値はあまりにも我田引水的である」（村野まさとし『地方栄えて日本破産』134頁）と批判されている。

　また行政権能差などは補正でなく，「行政項目」として認知していくべきである。さらに福祉行政の密度補正として，ホームヘルパーが採用されているが，どうしてヘルパー数なのか，市民ボランティアを活用している市町村は不利になる。ことに用地費がどの程度まで算入されているか，測定するのは至難である。

　第三に，地方交付税の中立性から疑問視されるのは事業費補正である。従来から批判が絶えなかったが，特別態容補正としての特別態容補正（昭和31年）・事業費補正（昭和37年度）は，「客観的根拠の説明のないまま政令によって決定され，この補正係数の適用によって単位費用が数倍にもなるといった補正係数の方法には大きな問題があるといわなければならない」（佐藤・前掲「地方財政総論」102頁）と批判されてきた。

昭和31年に「特別態容補正」を採用した。貧弱団体の公共事業負担が重いので，財源的に優遇することにした。昭和32年度に土木費を中心に，既存の施設を前提とした方式から毎年度の投資を重視する方式に切り替え，道路・橋梁費が2倍になる方式に改められた。このような措置の結果，土木費の増加がみられた。

　昭和34年には「普通態容補正」における富裕地域への波及を緩和して，「その他経費」に面積の測定単位を新設し，貧困団体を優遇することにした。

　昭和37年には港湾整備のため，事業費補正を導入した。「地方団体によっては莫大な負担をしなければならないので港湾費の算定を従前のままにしておくことが許されなくなった」（石原信雄「地方交付税制度と投資的経費」『自治研究』昭和37年・5月、74頁）。要するに補助金に交付税が押し切られたのである。

　高度成長期には建設費優遇の交付税措置は黙認されても，今日のようにサービス費重視の地方財政にあっては，交付税はナショナル・ミニマム中心の算定へとコペルニクス的転換を図っていかなければならない。

三　交付税の特定財源化

§1　基準財政需要額の推移

　地方交付税の全体的な基本システムを歪めていったのが，政府好みの政策的費用の交付税への算入である。

　交付税の算定状況の年次推移は，第13表のようになる。昭和33〜44年の変化では，土木費の伸びが12.77倍と驚異的な成長を示している。産業費の7.56倍も平均6.44倍よりはかなり高い。

　昭和44〜54年の動向では，土木費の伸びは平均以下となり，厚生労働費の伸び6.30が目立つ。しかしこの時期では公債費の18.11がもっとも高い伸びを示し，交付税の変質を裏付ける数値となっている。

　昭和54〜平成9年の変化では，全体として交付税の伸びは低迷している。個別の動きでは，やはり厚生労働費の伸びが3.78倍と大きい。しかし公債費の伸びはそれを上回る4.58であり，構成比は5.4％と低いが，将来，交付税による元利償還費負担から増えてくることは確実である。

　しかし交付税の実像は，このような構成比・伸長率ではわからなくなってきている。それは多くの特別措置の導入・採用によって，地域的・事業的な基準財政需要額の動向を，分析していかなければならなくなったからである。

　自治省は地方団体の財源調整・財源保障という交付税の目的より，地方団体に対する政策的誘導機能をより多くもり込んでいった。その結果が，第12表のような高度成長期の土木費の大幅な伸びであり，しかもこの間，都市部に人口の急激な流入がみられ，教育費・福祉費の膨大な財政需要が，見込まれたにもかかわらずその伸びは低い。

まず全体としての基準財政収入額の算定方式についてみると、第一に、地方行政における基礎的財政需要への軽視である。たとえば「公営住宅は国庫支出金と地方債と家賃とでつくるべきだから交付税にはめこめないとか、公営企業は独立採算で、つまり料金収入でまかなうべきだから、補助金をはめこまない等の考え方」（山本正雄編『都市財政を考える』85頁）である。

中央省庁は自ら設定した制度が、現実に適用して歪みが発生しても、容易にその制度的欠陥を認めず建前に固執する。そのためその欠陥を治癒する、財源的措置も採用されることはない。

しかし交通事業の累積赤字、公営住宅の歳入欠陥など、運用基準になじまない地方財政の赤字であっても、一般化し地方財政に不可避的な財政負担をもたらしている場合、このような財政需要は、特別交付税で措置する

第13表　地方交付税の基準財政需要額の年次推移（市町村）　（単位 億円 %）

区　分	昭和33		昭和44		昭和54		平成9	
	需要額A	構成比	構成比	44/33	構成比	54/44	構成比	9/54
消 防 費	240	9.9	8.0	5.22	8.3	5.60	7.1	2.40
土 木 費	270	11.2	22.2	12.77	20.4	4.99	19.6	2.71
教 育 費	587	24.4	21.3	5.62	19.8	5.04	14.1	2.01
厚生労働費	380	15.8	16.2	6.59	18.8	6.30	24.9	3.74
産業経済費	122	5.1	6.0	7.56	4.2	3.81	4.2	2.81
その他行政費	735	30.6	22.9	4.83	25.1	5.92	24.5	2.76
公 債 費	38	1.6	1.0	4.12	3.4	18.11	5.4	4.58
そ の 他	33	1.4	2.4	11.4	—	—	0.2	—
合　　計	2,405	100	100	6.44	100	5.41	100	2.83

注　昭和33年度の「その他」は「災害復旧費」、昭和44年度の「その他」は「臨時土地対策費」、平成9年度の「その他」は「農山漁村地域活性化対策費」。
資料　自治省『地方財政のしくみと運営の実態』、地方交付税研究会『地方交付税のあらまし』など。

のでなく，基準財政需要額で対応すべきである。

　要するに本来，普通交付税で算入すべき行政費目は，基準財政需要額で算定し処置すべきである。なぜなら政府はさまざまの政府施策は即時に普通交付税の特別需要として算入し，基準財政需要額のかさあげ措置を導入しているからである。

　すなわち「地方交付税が地方自治体の基礎的財政需要にもとづくべきであるにもかかわらず，近年，その中に政策的需要が算入されている点に問題がある」（高寄昇三『地方自治の財政学』193頁）と，批判されてきたところである。

　たとえば福祉・環境行政などで大幅な不算入があるにもかかわらず，地域開発行政の分野で新規需要を，安易に算入しているのは制度の趣旨に反するであろう。

　第二に，たとえば平成9年度の市町村の基準財政需要額と，平成8年度の決算額の目的別歳出額の一般財源負担を比較してみると，道路費は基準財政需要額2兆4,582億円に対する一般財源負担は1兆7,000億円，河川費は基準財政需要額2,860億円に対する一般財源負担は1,942億円と過剰算定となっている。

　消防費をみると財政需要額1兆6,777億円に対する一般財源1兆8,984億円，清掃費は財政需要額1兆6,381億円に対する一般財源は1兆9,117億円，下水道費は財政需要額5,685億円に対する一般財源1兆5,794億円，公園費は財政需要額2,185億円に対する一般財源4,734億円，保健衛生費は財政需要額1兆987億円に対する一般財源1兆5,273億円と，いずれも過小算定となっている。

　正確な推計による検証が必要であるが，一般的傾向はこのような試算によっても伺い知ることができるであろう。

§2　交付税の補助金化

　高度成長期において交付税は，ナショナル・ミニマムの基準財政需要額

の充実という,本来の機能から地方行政の政策的行政,ことに地域開発の需要を誘導する機能を拡大していった。

　第一に,交付税算定における施策誘導機能の注入である。高度成長期の事業費補正の乱設にはじまって,特定事業項目を単位費用のかさあげに採用してきた。結果として本来の基準財政需要額よりも,特定財政需要に対する交付金措置額が次第に膨らんでいった。

　その背景としては,地方交付税は「財源調整制度が,単なる調整の枠を乗りこえて,財源保障の機能をも併せもつに至ったのは,その意味で時代の進展の然らしむるところといってよい」(柴田・前掲「地方財政のしくみと運営」144頁)といわれているように,財源調整のみならず政策誘導機能を積極的に導入していった。

　その結果,配付税方式と異なり,財政需要・財政収入を見込んで複雑な計算で算定されていくが,「わが国の地方交付税制度は,その中でも最も精緻なしくみを有している」(矢野浩一郎『地方税財政制度』117頁)と,進化の形態として自負されている。

　このような施策誘導をめざす,補正係数も加算措置額は第14表にみられるように巨額の補正がなされている。

第14表　主要補正による増加需要額(交付団体分)　　(単位 百万円)

区　分	道　府　県		市　町　村	
	平成7年	平成12年	平成7年	平成12年
密度補正	270,478	18,970	656,402	9,048
寒冷補正	173,444	160,992	234,749	2,395
人口急増	34,856	36,540	159,848	492
数値急減	6,180	5,091	107,102	1,195
へき地補正	50,965	49,242	29,442	29,572
事業費補正	612,301	924,460	1,443,290	1,816,153
合　計	1,148,224	1,195,295	2,630,833	1,858,855

資料『地方財政要覧』(平成12年版)102・103頁

ことに重要なのは事業費補正である。平成12年度では2兆7,406億円の巨額である。ここまで投資的経費を算入する必要があるか疑がわしい。
　むしろ地方行政がサービス行政化していることを考えると，地域コミュニティリーダーとか，リサイクル運動費とか，一般サービスで財政需要額から欠落している，一般的財政需要の算入が必要である。
　公共投資については，交付税は従来から盛んに優遇・奨励措置を注入してきた。特別態認補正（昭和31年度）で後進地域の公共投資のかさ上げを図っていった。
　事業費補正（昭和37年度）を導入し，従来の減価償却方式を廃棄し，公共投資の加速度投資を促進する措置であった。投資態認補正（昭和41年度）を新設して，公共投資に有利な算定方式を全般的に拡充し，地方債の元利償還金の算入も新設した。
　地域開発支援という政策機能を充実さすため，基準財政需要額を膨張させ，この膨張した基準財政需要額の財源補填をするため，交付率の引き上げを政府に迫っていった。いわゆる交付税の自己増殖作用の加速化である。
　第二に，特定行政費目を単位費用の算定に算入し，かさ上げする方式でなく，特定事業費そのものを新規の事業費目として，基準財政需要額算定に加算させていく方式である。
　交付税の算入歳出として，昭和45年に「広域市町村圏の経費とか土地開発基金などいわば積極的な投資的経費が基準財政需要額の中に積極的に盛られているので，問題はいささかボケてきているかもしれない」（柴田・前掲「地方財政のしくみと運営」190頁）といわれている。
　土地基金の創設とか，昭和45年には広域市町村圏の道路整備のため1圏域当たり平均3億円の道路橋梁費の割り増しを行っている。極め付けが「ふるさと創生1億円」で，総額3,000億円の基準財政需要額が算入された。
　平成3・4年には「土地開発基金費」，平成3～5年度までは「地域福祉基金」が創設された。この基金は測定単位，段階補正，経常態容補正が適用され，交付税措置としては間接的措置である。

§3　特別財政需要の乱用

　第三に，補助裏・地方債元利償還費などを算入する方式を，交付税の算定において一般化させてきた。交付税が本来の財政収支の不足を補填するという操作から，地方団体の財源調達方法にも影響を及ぼしていることである。すなわち補助金・交付税・地方債の三位一体方式である。

　事業債の何割かを基準財政需要額に算入する方式で，道路橋梁費では15％，河川費40％，うちダム60％などである。

　概して土木事業が対象となり，施設関係は除外されている。補助金ベースからみれば，土木費と建設費は相違はなく，交付税で区別する必要はない。

　たとえば単位費用における地方債元利償還費の算入についてみると，辺地対策事業債(充当率100％)では元利償還金の80％を算入する。補助率が80％とすると，残り20％の自己負担の80％を交付税措置されるので，実質的補助率は96％となる。

　廃棄物処理施設では国庫補助率は5分の1〜4分の1である。一般財源の5分の1〜4分の1を投入しており，地方債は実質的には50％程度であり，その50％が算入されると，25％の補助率アップとなる。もっとも財政力が0.5であれば，12.5％の寄与率となる。

　今日では交付税と地方債の連動性に対応して，公共投資における地方債元利償還金の手当を，交付税で措置する方式を拡充していった。しかしこのような元利償還金の交付税措置は，補助金措置とほとんど変わることがなく，補助金行政における差等補助導入と効果はまったく同様である。

　たとえば事業費補正の公債費との連動強化である。第14表のように補助裏の地方債費元利償還費を，交付税で補填する方法で処理されているが，複雑な仕組みと化している。

　このような交付税の措置は結果的には，公共投資の優遇となってあらわれた。それが事業費補正と地方債の交付税算入措置で，第14表のように

第15表　主要事業費補正における公債費算入措置の概要 （平成12年度）

事業費目	起債充当率	交付税措置率
港湾事業	20%	30%
河川事業	都道府県分 20%　市町村分 40%	都道府県分 30%　市町村分 30%
公園事業	都道府県分 70%　市町村分 75%	都道府県分 30%　市町村分 30%
下水道事業	補助 85%　単独 95%	都道府県分 50%　単独 50%
廃棄物処理	75%	50%
義務教育施設	建物 75%　プール 75%	建物 60%、プール 30%
臨時高等学校	95%	40%
生活環境整備	75%	40%
宅地関連施設	県分 70%　市分 75%	県分 30%　市分 30%
地下鉄事業債	特例債 100% 出資金 100%	特例債 60% 出資金 60%(第三セクター分 30%)
ニュータウン鉄道	出資金 100%、第三セクター 90%	出資金 60%、第三セクター 30%
都市モノレール	出資金・公営　100%、第三セクター 90%	出資金・公営 60%、第三セクター 30%
空港整備事業	第2種A 40%　第2種B 府県 70%、市町村 75%	第2種A 50%　第2種B 府県 28.5%、市町村 26.7%

資料　『地方財政要覧』（平成12年版）104・105頁

基準財政需要額で3.9兆円，基準財政需要額の9.4%を占める。

　このような交付税措置は，「地域的な課題を解決するためのプロジェクトについては，国庫補助負担対象事業であると否とに関係なく，地方団体の主体的判断を基礎としてこれを総合的，計画的に実施できるよう地方債及び地方交付税により所要の財源措置を講じていくべきである」(石原信雄『新地方財政調整制度』454頁) として，「まちづくり特別対策事業」「ふるさとづくり特別対策事業」「地域づくり推進事業」「ふるさとづくり事業」などが基準財政需要額に算入された。

　この措置は単位費用をかさ上げする一般的措置でなく，事業費補正への算入，地方債元利償還金の算入など，個別的算入措置であり，交付税の「補助金化」そのものである。

　第四に，地域開発関連の租税減免措置の補填措置である。基準財政収入額において低工法等の減免分について，平成12年度では124億7,459万円が，基準財政収入額に算入されている。

しかしこれらの地域開発振興の財政優遇措置は，国庫補助金ベースで3,021億円（平成11年度）で実施されているのであるから，交付税で二重優遇することはない。
　第五に，財源不足措置として交付税のなかに，多くの財源対策債，財源補填債などの需要が算入されていることである。
　平成12年度の行政費目の公債費は，地方税減収補填債償還費，地域特例対策債償還費など，第11表のようにみられる6.3兆円の巨額に達している。
　交付税が補助金との離別を決意して，交付税・補助金の連動性を断ち切ることは快挙であるが，交付税が補助金化してしまえば，より悪質な交付税の変質である。
　このような交付税措置に対して当然に批判が，中央官庁内部でもあったが，「全地方団体の住民の利益につながるものであり，また地域の実情に即した主体的な地域づくりの推進による行政水準の向上に資するものであることから，いわば動態的に『あるべき財政需要』を算入するものとして今後も引き続き採用していく」（石原・前掲『新地方財政調整制度』454頁）と，強気の姿勢を示している。
　しかし地方行政の現場は，特別養護老人ホームの用地取得に困り，東京特別区では区域外に施設を設置するという，苦肉の措置がとられている。高い用地費を交付税は，まったく無視しているのである。
　これでは補助金との決別といっても，補助金の欠陥を放置するだけで，ナショナル・ミニマムの堅持という，交付税の使命からの離脱にすぎない。
　住民の要望というが，文化ホール，観光物産館などを果たして住民が希望しているのだろうか疑問であり，旧自治省が独断しているに過ぎないのであり，地方団体は交付税に算入されるならば，施設建設を推進していくのは当然の対応である。

§4　特別交付税と政府裁量権

　交付税には普通交付税（94%）と，特別交付税（6%）に区分される。特別交付税の8割が市町村に配分されている点である。このことは市町村財政では交付税がオーソライズした地方行政の公認的財政需要以外の非定型的需要の多いことを示している。

　特別交付税は設定の趣旨は「普通交付税の算定上生ずる画一性と各地方団体ごとの実情との間のズレを是正し，算定期日以後生じた財政需要の増加等に対する措置を講じるため交付される」（矢野・前掲「地方税財政制度」133頁）と説明されている。

　たとえば寒冷地については，「除雪に必要な経費については，過去20年間の平均的な積雪に対する除雪経費は普通交付税に算入されており，……これを超える雪が降った場合には特別交付税で対応する」（岡本・前掲「交付税の仕組」108頁）といわれている。

　すなわち特別の財政需要とは，第一に，個々の地方団体の責任に帰せられるべき事務・事情による財政需要は算入されない。第二に，4月1日以降に発生した災害などの特殊事情による財政需要などである。

　平成8年度の特別交付税をみると，総額1兆109億円である。主な内訳をみるとナホトカ号流出災害対策費53億円，O-157対策費60億円，阪神大震災費322億円，一般災害・除排雪対策費に277億円を算定している。

　新項目「阪神・淡路特別家賃低減」「耐震診断」「新産業創造」「民間施設バリアフリー化」「留学生支援」「インターネット利用導入」「小規模学童保育園」「起業化支援」「基幹漁業総合再編対策」「消防防災用画像伝送システム」などである。

　特別交付税のなかには，「特別な事情」といえない行政が対象となっていることもある。過疎対策，都市対策などの経費であり，普通交付税の不足分を特別交付税に転嫁させたといえる。

　平成8年度道府県の特別交付税の算定項目は，道府県では第16表のよ

うになっている。第一に，具体的にどのような財政需要かをみると，都道府県では算定項目は68項目であるが，市町村では102項目となっている。市町村の方が変則的例外的財政需要が多いからである。

第二に，災害・鉱害・伝染病などの災害関係費は，特別交付税で面倒をみていくべきである。また公営企業の赤字措置費などは普通交付税で算入されるべきである。

第三に，災害関連経費はともかく，本来，地方団体が独自事業ですべき事業費まで算入されている。地方選挙費・電子計算機導入費などより，資源再生費（市民団体補助金），放置自動車処理費などの方がより切実な特別

第16表　平成8年度特別交付税算定項目（道府県12月分）

(需要項目)：冬期分校，複式学級，営農資金，鉱害復旧，特別選挙，災害特例債，現年災 (A)，現年災 (B)，森林災害復旧事業，6月1日以降借入債，炭鉱離職者・開発就労，公営企業災害復旧事業，病院，巡回診察車，干・冷害，連年災，水道高料金対策，市場対策（建設改良），市場対策（指導監督），工水対策，準用再建企業，公営企業共済負担金，文化財，軽費老人ホーム基地対策 (A)，ニュータウン鉄道，関東ローム，下水道事業団，緩衝緑地，国土調査，地域経済基盤強化対策 (A)，日本語指導教員派遣，長期海外研修，地域国際化協会出資金債利子，リーディング・プロジェクト，離島航路，高校寄宿舎，下水道高度処理，合併処理浄化槽，鉱害対策，ぼた山，ゴールドプラン推進，北洋漁業対策，特定不況地域対策，中小企業対策，国際交流 (A)，広域共同プロジェクト (A)，低公害車購入，コミュニティ・ネットワーク，運輸事業交付金，信楽高原鉄道事故対策，雲仙災害，観光事業交付金，公営駐車場整備促進事業，環境衛生事業交付金，座礁船舶，公営バス更新対策，へき地医療，釧路沖地震(港湾分)，離島航路旅客ターミナル，公営バス不採算公共路線対策，阪神・淡路大震災派遣，文化財災害復旧，病院追加費用，野生動植物種保存，阪神・淡路大震災減免分，O-157等対策費，錯誤

(減額項目)：公営競技，市制生活保護，期末勤勉手当，市制社会福祉，市制社会福祉，4月2日以降建築主事設置市町村等，4月2日以降保険所設置市町村等，中小企業指導市

出典　兵谷芳康等『地方交付税』350頁

の財政需要である。

　地域特別財政需要でも、学校の冬期・複式学級、日本語指導員派遣費などは、当該自治体が負担するか、補助金で措置すべきで、交付税でこのような零細な経費まで配慮する必要はないであろう。

　第四に、府県・市町村間の事務配分の例外は、普通交付税で算定していくべきである。政令指定都市・中核市などで不算入・過不足が発生したり、広域行政処理で措置した場合など的確な算定がなされるべきである。その他行政費などでうやむやにされてはならない。

　第五に、公営企業に関する普通交付税で処理すべき普通の財政需要である。一般会計から公営企業会計への繰出金の金額からみても、最早、例外的行政事務とはいえない。病院事業などは算入されだしたが、交通事業などは不十分である。

　第六に、国の奨励・先進的行政を算入するのは交付税の補助金化である。たとえば地域活性化対策などは補助金措置で処理していくべきである。むしろ補助金になじまない防災費・環境費とかを優先的に算入すべきである。

　要するに地方交付税は基準財政収入額を府県75％、市町村70％に設定されており、地方団体の選挙などは固有の財政需要として特別交付税でみるべきでない。むしろ用地費、公営住宅の持ち出し、廃棄物処理費など基準財政需要で不算入の費目を、優先的に算入する真の政策先導性を交付税は発揮すべきである。

第三章　地方交付税の改革

一　税源配分と地方交付税

§1　自主財政と交付税

　戦後，地方財政は国・地方の財源移譲において，安易に交付税方式に依存してきた。しかし，財源移譲方式は，独立地方税方式，配付税方式，交付税方式，交付金方式，補助金方式などさまざまのシステムがある。そして財源移譲をしながら財政力格差が拡大しないシステムが理想であり，この理想をめざして，もっと試行錯誤の努力をすべきであった。

　交付税改革の第一歩は，地方税の充実である。自治体はこれまで地方税拡充は，財政力格差を拡大すると洗脳されてきた。したがって自治体は地方税より交付税での財源確保という，コンセンサスのもとに妥協してきた。

　まず自治体は，このような交付税優先主義の呪縛から，解放されなければならない。財政力格差是正のため，自治体間の財源調整措置が必要であるが，ほとんどの自治体が交付団体という現状は，はたして正常な地方財政といえるのであろうか。

　第一に，地方税源の配分がすくないため，ほとんど全自治体が交付団体となっている。平成12年度では都道府県では不交付団体は，東京都のみであり，大都市でも1団体のみであり，3,276団体のうち不交付団体は75団体に過ぎない。

　政府が財政力格差の拡大という仮想の弊害に怯えて，地方財政への税源配分を拒否するのは，国の財政の"ためにする論理"である。

　中央省庁は，意図的に地方税財源配分方式の改革をサボタージュして，中央主導型の財源調整・補填システムを整備してきたのである。しかも中

央政府は地方団体間の財政力格差を強調し，財源調整・補填権限を容易なことでは手放さない。

このように中央政府の財政力格差に対する過大評価について，「これははなはだ奇態な平等である。……地方交付税における基準財政需要額というのは，シャウプもいっているように，重要な行政を最低限の水準でやっていくために必要な経費額を，交付税算出の必要上技術的に算定したものにすぎない」（藤田武夫『地方財政入門』122頁）と批判されてきたのである。

第二に，都市自治体サイドからは，都市基準財政需要額は過少算定されているのであり，都市財源を付与しても実質的には財政力格差は拡大しない。

中央政府の尺度からみれば，地方税移譲方式は自治体間の財政力格差を拡大すると危惧するが，都市自治体サイドからみれば，もともと基準財政需要額の算定が低すぎるのである。本来の妥当な水準で基準財政需要額を算定しておれば，基準財政需要超過額は発生しない。

たとえば建設補助事業において，スラムクリアランスの改良住宅費は決して少なくない。しかし交付税はほとんど算定していないが，地震などの都市のリスク管理の視点からは，緊急の財政需要である。行政項目として住宅費そのものが欠落している。

交付税の算定は，都市計画費は人口であり，投資補正は可住地土地価格比率であり，事業費補正における公債費算入の項目には密集市街地整備事業はない。

すなわち自治体の住宅政策費は，交付税から欠落している。交付税は行政費目の採用において，きわめて頑なであり，一般的重要施策を除外しているが，認知した行政需要については，きわめて手厚い積み上げ措置を行っている。

本来，交付税は抽象的行政需要を一般的指数で算定するから，市街地整備事業といった個別事業費算定がなされてはいけないのである。しかし地域総合事業といった政府好みの農村的事業が算入され，密集市街地整備事業といった都市緊急事業が算入されないという，偏った事業選別が行われ

ている。

　すなわち交付税はきわめて精緻な積算方式と,きわめて恣意的な施策選別がなされ,結果的に政府の都合のよい算定となり,交付税の政策的中立性を喪失している。しかもこのような重大な交付税の逸脱行為を,算定当局がむしろ交付税の水準上昇であり,地方財政に貢献すると錯覚している事実である。

　第三に,交付税の基準を金科玉条のように,個別の自治体の財政力の診断指標として利用するのは危険であり,誤った判定となりかねない。都市自治体のように,税源のある自治体には,地方税がまず移譲されなければならない。

　しかしこのような地方税至上主義について「地方歳入に占める地方税の割合が34パーセントでは地方自治がそだたず,50パーセントであれば地方自治にとって望ましいという理論的根拠は全く見出すことはできない」(恒松制治『地方財政論』107頁) との批判もある。

　要するに財政力格差という厳然たる現実を直視するとき,財源調整による一般財源比率が重要であって,地方税による「3割自治」にこだわるべきでないとの交付税至上主義もある。

　しかしどのような自治体にとっても,財源は交付税より地方税で付与されることが望ましい。しかも後に見るように地方税の改革を行えば,財政力格差を縮小しながら,地方税の拡充は可能なのである。

　まず政府は自治体に可能最大限に地方税財源を与え,しかるのちどうしても財政力格差が発生する場合に,財源調整措置で手当すべきである。

§2　地方財政改革のビジョン

　地方交付税の改革は,地方財政の財源構成という基本からの改革が不可欠である。交付税における個々の需要算定の改善ではなく,交付税を地方財政の枠組みのなかでどう位置づけていくかである。

　第17表のように地方税における増額,課税自主権の拡大,交付税・補

第17表　自治体財政再建と地方財政制度

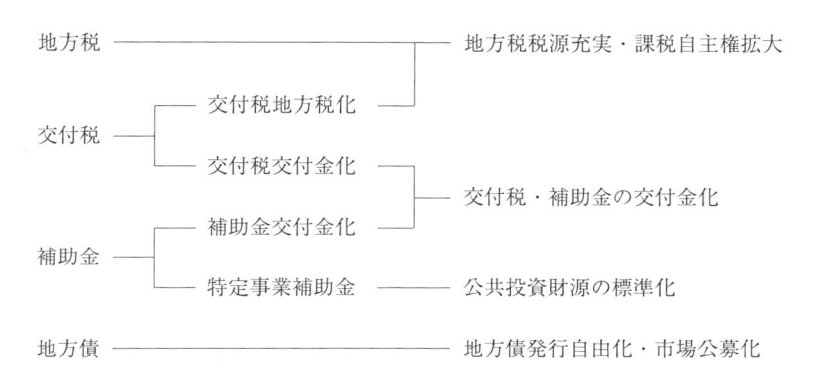

```
地方税 ──────────────────── 地方税税源充実・課税自主権拡大
           ┌─ 交付税地方税化 ─┘
交付税 ─┤
           └─ 交付税交付金化 ─┐
           ┌─ 補助金交付金化 ─┴── 交付税・補助金の交付金化
補助金 ─┤
           └─ 特定事業補助金 ─── 公共投資財源の標準化
地方債 ──────────────────── 地方債発行自由化・市場公募化
```

　　出典　高寄昇三『自治体財政、破綻か再生か』161頁。

助金の交付金化，地方債の発行自由などの改革によって，自治体の財政運営責任が，自治体自身にあることを自覚させるシステムでなければならない。

　第一に，地方財政は，ナショナル・ミニマムの財源は交付金で保障され，シビル・ミニマムの財源は，課税自主権を駆使して自ら住民と対決してでも，超過・追加負担を求めるべきである。

　したがって財政力の貧困な町村に対しては，ある程度の傾斜配分は容認すべきである。しかし基本的には地方自治のためには，自治体は住民に対して，負担を求める勇気がなければならない。

　すなわち地方財政の必要な財源をすべて交付税に求めるのは，地方自治の堕落である。そして住民も住民負担によって，はじめて目覚め，地方財政を糾弾する気概をもつことになるのである。

　自治体は交付税依存症にどっぷりつかっているが，交付税が自治体の需要を100％充足するものでない。

　第二に，地方税の充実である。一般の自治体は，地方税の増額は交付税

の減額と相殺され財源的メリットはないと考えている。そうではなく自治体は，その財政運営において交付税より地方税の方が，財源をより有効に活用できるメリットが大きいのである。

もっとも従来は自治体財政間の財源配分は，自治体財政間の財政力格差をより拡大するとして，机上の空論とされてきた。しかし今日の地方消費税方式の譲与税率のアップ，さらには低所得層の所得税分の移譲などによれば，地方税の拡充と地域格差縮小を，同時に達成することは可能なのである。

自治体はこのような政府依存型の財政運営から，地方税中心の財政運営へ転換すべき転機をむかえている。ことに町村が交付税の財源調整措置を過大評価し，交付税の補填措置を自らの生命線のように考えているが誤りである。

交付税の補助金化で町村財政も，開発志向に洗脳されていき，町村財政を苦況に追い詰めていった。交付税より交付金，交付金より地方税が，すぐれた財源調整・安定機能をもっていることに気付くべきである。

第三に，第18表にみられるように，地域財政需要の充足は，地方税（使用料・手数料）によって，財源が調整される地方税調整型でなければならない。現在は基本的には交付税によって，調整される交付税調整型である。

地方税の水準が同一であるのに，行政サービスの水準に大きな相違があるのは，地方財政としてはアブノーマルなシステムなのである。

アメリカ・イギリスの地方団体のように，行政サービスが追加されると，必要財源を地方税の税率アップで措置していくシステムを地方財政に浸透させ市民的コンセンサスをえていかなければならない。

第18表　財政需要と住民負担の関係

基準財政需要額－（地方税＋補助金）＝交付税

基準財政需要額－（交付税＋補助金）＝地方税

第四に，補助金も交付税交付金化と，補助金交付金化によって，自治体の自己努力にインセンティブを与えるシステムに改革されなければならない。補助金には非難が集中しているが，補助金を交付金化して自治体が，行財政効果を，促進・拡大させるインセンティブがはたらく，システムに改革しなければならない。

　第五に，地方債も完全に自由化して，自治体が自己責任で発行し，元利償還していくシステムでなければならない。小規模町村は公債市場で資金調達できないとの批判があるが，公営企業金融公庫を活用すればよい。また窓口銀行と証書方式による資金借入は，小規模町村でも不可能ではない。

§3　税源移譲方式の可能性

　地方税主義がすくなくとも，精神において浸透していなければ，地方財政の確立はありえない。近年，交付税の総額が，政治的行政的に決定される不安定な制度となり，また地方団体はその財源不足は当然，交付税で補填されるべきという，交付税依存症にかかっている。

　しかも地方団体は，財政危機におちいったのは交付税が原因との逆恨みを抱く重症である。要するに自治体としては政府があらゆる財源調達方式でもって，景気対策として公共投資を無理やり自治体に押しつけて，地方財政を水脹れさせたと批判してやまないのである。

　地方交付税改革の第一は，交付税より地方税に財源を移譲する税源移譲方式の導入である。第二が，交付税の交付金化，交付税の簡素化である。まず交付税の税源移譲方式による縮小である。

　第一に，地方財政における財源調整・保障は，必ずしも交付税方式でなければ不可能ということはない。税源配分方式と国庫移転方式があるが，まず税源配分方式を導入すべきである。

　地方税方式による財源調整は，従来は不可能と考えられてきたが，実は可能なのである。地方財政における財源移譲方式は，国・地方の「税源配

分」方式と，国税を財源とする交付税・補助金などの「財源移転」方式が，並列的に当然として考えられてきた。

地方税充実は財政力格差（地方税偏在）拡大につながるとの固定観念から，低位の枠内に止められてきた。しかし税源配分の構成方法によっては，地方税源偏在を縮小し，なおかつ地方税充実は可能なのである。

まず「住民税配分」についてみると，東京都の『税源移譲のシミュレーション等に関する調査・研究』（平成9年5月）は，第19表のような所得税の基礎税率分（3～10％）の財源移譲方式で，東京都地方税財政研究会などが提唱している改革案である。国税である所得税の基礎税率部分（3％か10％）を，地方財政に移譲しようとする税源配分である。

この所得税移譲方式では基礎部分を移譲するので，地域間の財政力格差は開かない。むしろ縮小する傾向にある。それは法人所得などが，除外されているからである。

第一に，現状では国税62.4％，地方税37.6％であるが，3％方式では国税58.5％，地方税41.5％となる。10％で国・地方折半となり，国税50.5％，地方税49.5％となる。

第二に，この方式では税源移譲を低所得者に重点をおいているので，自治体間の財政力格差が縮小することである。

これは低所得者層の税収入の伸びが大きいからである。たとえば兵庫県の芦屋市でみると，700万円以上では3％移譲の場合は1.17倍しか増収になっていない。しかし200万円以下では，1.67倍の増収となっている。

税源移譲されれば，低所得者の多い地方団体ほど，税制改正のメリットは大きいことになる。

第二に，財政力格差は縮小するが，結果的には関東・関西などで，かなり都市自治体が不交付団体に転換することになる。すなわち絶対的な財政力格差は縮小するが，鎌倉市など財政力が突出する団体に対して，財源調整をどうするかである。

この点は，高所得者層の地方税分を府県税で調整すれば，地方税を拡充し財政力格差是正を同時に充足させることができる。

第19表　所得税移譲後の住民税の状況　　（単位 億円 %）

区分		現行税率			3％の移譲			10％の移譲		
		道府県民税	市町村民税	住民税合計	道府県民税	市町村民税	住民税合計	道府県民税	市町村民税	住民税合計
税率	200万円以下	2％	3％	5％	3％	5％	8％	7％	8％	15％
	200万円～700万円以下	2％	8％	8％	3％	10％	13％	7％	13％	20％
	700万円超	3％	12％	15％	4％	14％	18％	8％	17％	25％

出典　東京都『税源移譲のシミュレーション等に関する調査・研究』12～22頁

　「消費税移譲」では現在の消費税は国税が2.82％（56.4％），地方消費税1％(20%)，交付税1.18％（23.6％）との比率で配分されている。

　さきの東京都『税源移譲のシミュレーション等に関する調査・研究』も，消費税の地方移譲を試算しているが，国・地方の折半方式でいけば，政府2.5％，地方税2.5％となる。

　交付税財源は1.18％をそのままとすると，地方消費税が1.32％で約32％の上昇となる。消費税の配分基準を変更して，人口要素を多くすると，財政力格差は是正されるが，逆財政力格差是正を配慮すると，現状方式でよいのではなかろうか。

　なお地方消費税の地方団体間配分は，小売販売額などで6分の8，人口で8分の1，従業者数で8分の1の比率で配分されており，消費譲与税の場合は人口（4分の1）・従業者数（3分の4）のみであったので，消費全般の実態を反映するように改められた。

　問題の第一は，東京都の税源移譲案は，きわめてすぐれた提案であるが，いずれにせよ中央政府がこのような改革案をのむかである。しかし机上演習的には交付税・補助金の財源負担は少なくなり，国庫の負担は同じで財源ベースではなんら問題がない。

　問題の第二は，地方税移譲方式が行き過ぎ，消費税が完全に譲与税となり，国庫には一銭も入らないとか，所得税配分が国・地方で半々であり，国税の地盤沈下症状をみると，政府は容易に納得しないであろう。したがって地方税目におうじて，配分方式の変更措置を注入していかなければ

ならない。

　問題の第三は，特別地方税の方式などを活用して，地方税の比率を高め，交付金・補助金を抑制していけば，国庫もトータルとしては損失は発生しないのである。たとえば事業税の外形標準課税化，事業所税課税基準の拡大などである。

§4　特別税方式の活用

　地方財政への税源移譲は，一般的税方式では限界があるが，特別地方税方式を導入すれば，不可能ではない。従来，「独立税のみによっては財政需要を満すだけの十分な財源を確保できない」(恒松・前掲「地方財政論」162頁) という限界論があったが，特別地方税を活用していけば，地方税による財源付与は不可能ではない。

　第一に，都市自治体については，都市計画税・事業所税などの創設がある。現行の地方税制でも，応益原則の適用余地はかなり残されている。

　たとえば事業所税は，大都市圏などの人口30万人以上の都市税であるが，一般的市町村税として，課税対象も従業員100人から10人に，床面積も1000㎡から100㎡へと拡大して，都市的行政サービスと費用負担の関連性をもたすべきである。なぜならサービス産業は，規模が大きいから収益力があるとか，行政サービスの恩恵を多く受けているのではないからである。

　第二に，事業税では外形標準課税である。現在の事業税のように分割法人方式を乱用して，大都市圏都府県の過度の財源調整が行われ，今日の東京都などの財政危機を誘発することになった。

　赤字法人に対しても，外形標準課税方式によって負担をもとめ，課税の公平化を図ることができる。

　第三に，課税権自主権の活用であり，法定外普通税，不均一超過課税などの実施にみられるように，個別の財政需要に対応して，個別の地方税を創設していくことである。

全国画一的ということは地方税に限らず，日本の地方行財政制度の基本的欠陥である。地方税においても多様性を見直し，固定的制度の枠にはめ込むことなく，基本的には「税源のあるところ財政需要」も存在するとのセオリーが成立し，特定の財政需要に対して特定の税源で対応するのが，ノーマルな制度・運用である。

　交付税にも普通交付税と特別交付税とがあるように，地方税にも多くの特別税制があってしかるべきで，財源調整を金科玉条のように唱えて，課税権を拘束するのは誤っている。したがって地方税制度の多様化，地方税運用の弾力化が必要である。

　もっとも地方自治体が厳しい課税をするだけの，自立性があるかというと疑問である。仮に税率を自治体の裁量権に委ねるとすると，減免につぐ減免で，地方税体系が崩壊の危機にさらされる，事態にみまわれるかも知れない。

　しかし地方自治体の自主性を信じていかなければ，過保護的運用では地方自治は衰退の道をたどることになる。財源的にも付加税・譲与税・交付税といった'宛てがい扶持'の財源のみとなる。地方自治は「使うだけの自治」でよいのかの問題である。

　また仮に税源が十分に保障されたとしても，課税自主権のない地方税運用システムでは，地方自治は完全に死滅の道をたどるか，壮大な浪費団体に堕落していくであろう。

二　財源調整措置の改革

§1　財源移転方式の類型

　財源調整方式はさまざまの方式がある。補助金方式は論外として交付税・交付金・配付税方式のいずれがベストかである。第20表のようにどの方式にも一長一短があるが，財源移転の問題は，財源の調整・保障と財源使途の自由・拘束力のバランスの問題である。
　第一に，財源調整財源の総額については，交付税のように一定の国税割合を確保する方式が，平衡交付金のように積み上げ算定方式よりのぞましい。
　国・地方の税源配分を折半して，その枠組みのなかで地方税，財源調整（交付税・交付金），財政支援（補助金）を処理すべきである。従来のように政府が，新規事業を追加するならば，既存事業を国政事業化して，国・地方の事務事業の配分比率を厳守すべきである。財源を補填するから，受託団体として事務事業を押しつけることはできない，ルールを設定すべきである。
　第二に，財源調整の配分算出基準の簡素化は，この配付税方式がベストである。すなわち配分方式は人口・地方税の2つで操作する方法である。
　戦前の配付税方式のように，地方税収入と人口指標という単純方式で処理する。この方式では少ない単純な指標にもとづく配分では，必ずしも各地方団体の財政需要に即応できないとの批判が当然おこる。
　しかし現在の交付税の基準財政需要額の算出実態をみると，複雑で多様な算出方式が如何に，多くの弊害をもたらしているかを認識すべきである。むしろ単純な方式がより公平な配分方式というパラドックスを知らなければならない。

第20表　配布税・交付金・交付税方式の区別

区分	算定方式	財源補填方式	配分主体
配付税	指標方式・単純	不完全補填方式（安定性）	法律的基準方式
平衡交付金	積上方式・複雑	完全補填方式（不安定性）	地方財政委員会
地方交付税	積上方式・複雑	不完全補填方式（安定性）	中央官庁方式

§2　平衡交付金の挫折

　配付税方式がベストである理由は，平衡交付金・交付税方式の推移を振りかえることでわかる。

　平衡交付金方式では，基準財政需要額の算定をめぐって，国・地方が紛糾したことである。交付税のように一定の財源があり，その上で基準財政需要額の積み上げをするのでなく，底辺からの費用の積み上げ方式であった。

　ただ積み上げ算定方式で，地方財政の財源不足を完全補填する方式であるため，機能が十分に稼働すれば，理想的な制度である。

　しかし「平衡交付金方式は我が国の政治風土の下では余りにも理想主義的に過ぎた制度であり，その所要額を確保するためには地方側の主張を完全に通すことのできる強力な行政機構がなければならない」（石原信雄『地方財政調整制度論』143頁）と，平衡交付金の制度的無理が指摘されてきた。

　平衡交付金制度は，昭和29年に地方交付税方式に改正される。その原因の1つは，総額決定をめぐる国・地方の対立である。「地方財政平衡交付金制度における総額の決定は多分に学者的な発想でありすぎ，わが国の血なまぐさい予算折衝の風土に合致しなかった」（柴田・前掲「地方財政のしくみ」137頁）と批判された。

　しかし発足当初の交付税はともかく，今日の交付税は平衡交付金方式の欠陥をそのまま引き継いでいる。

　第一に，地方財政の財源不足の全額補填方式である。平衡交付金方式に

ついて「地方財政計画上の財源不足額を，常に国家が補填するといふ制度そのものに，もともと無理があり，……地方財政の放漫な経理の尻拭いを，中央に於て，全部負担するといふが如きことは，国家財政の能く堪へ得るところではない」(柴田・前掲「地方財政のしくみ」137・138頁)と批判されてきたが，交付税も同様である。

第二に，交付税の総額をめぐって，国・地方の紛争が沈静化したのではない。平衡交付金方式は「この算定をめぐって，国と地方団体との紛議はたえず，地方団体の関係者が総理官邸前に坐り込むというような事態がくりかえされ，識者のひんしゅくを買った」(柴田・前掲「地方財政のしくみ」137・138頁)といわれている。

しかし今日の交付税は，総額の決定を交付税会計の借入金方式，財源調達の赤字地方債方式で，国・地方の紛糾の種を将来に繰越しているだけである。

第三に，交付税の独立財源化が強調されている，すなわち交付税は移譲財源として国税三税の一定割合を確保して，交付税財源は国庫からの移譲でなく，地方財政の独自財源による財源調整である点である。

平衡交付金については「財源保障機能に対する意識が強調されるの余り，かえって国・地方間の財源配分の理論に基づく地方団体の独立共有財源としての性格が後退し，このため，地方団体の財政運営の結末をすべて地方財政平衡交付金の責任に帰せしめるという他力本願的な好ましくない風潮を生むに至ったこと」(矢野・前掲「地方税財政制度」121頁)といわれていた。

要するに「地方団体は，その財政運営の結末のすべてを地方財政計画規模の縮小，地方財政平衡交付金の不足に帰せしめるという風潮を産むに至り，……更に赤字を出しても国が悪いという財政運営について無責任思想をはびこらした」(柴田・前掲「地方財政のしくみと運営」138頁)ことは否定できない。

しかしこの点は交付税制度においても同じであり，平衡交付金制度の欠点ではない。ともあれこのように平衡交付金の完全財源補填方式は，地方

財政の国庫依存をいたずらに肥大化させたので,ここに特定国税にリンクさせた交付税制度が発足したが,今日ではおなじ欠陥が目立っている。

第四に,平衡交付金方式のように全額補填方式について,中央官僚は「地方当局者の経理の放漫さを馴致し,濫費の端を開く危険性を包蔵してゐたのである」(荻田保「地方財政について」『地方自治論文集』昭和29年9月地方財務協会,461頁)と,平衡交付金方式を非難している。

しかし今日の交付税のほうが自治体をして,交付税依存症に駆り立てている。システムとして交付税が個別補助金化し,赤字地方債の発行を促しいるからである。

第五に,平衡交付金方式のほうが,手続きの民主化・透明性という点ではすぐれている。平衡交付金では形式的にもせよ,地方団体の代表からなる地方財政委員会と大蔵省という国・地方の交渉方式であった。

しかし地方交付税制度では地方団体は,交渉のテーブルに同席する機会すら与えられず,旧自治・大蔵省という中央省庁間の財源交渉という密室方式になり,地方団体は完全に交渉の場から排除されることになった。

§3　配付税方式への改革

財源保障方式としては交付税制度は,配付税制度よりも優れている。しかし現在の交付税は一般財源というには余りにも,補助金化しすぎていることは先に見たとおりである。

したがって補助金の個別政策指導の排除と同じように,交付税の補助金化も淘汰されなければならない。交付税制度の改革は,まず交付税の交付金・配付税化である。

自治体財政の再建は地方財政制度改革,自治体経営改革という構造改革なくしては達成されない。現在の財政再建は再建でなく,財源の配分・財源の操作であり,要するに銭勘定だけである。

地方財政制度においては国・地方の財源配分でなく,国・地方の政府間財政関係のシステムの変革である。すなわち財源の移譲でなく,地方財政

の自主独立をうながす，地方財政システムの改革である。

　第一に，配付税の財源は，交付税と同様に国税の一定割合とすべきであるが，地方消費税のように地方税として分離・独立させるべきである。

　また所得税・法人税でも国税が減税しても，地方税と国税に同調して減税するか，地方税収を確保するため増税するかは，地方団体サイドで決定すべきである。そして減税しても国庫からの補填はなく，増税しても国庫からの削減はない。

　国税の減税分は，全部交付税で補填するとか，交付税会計の借入金で処理するという，独自性のない財源調整方式では，地方財政はますます国庫依存をつよめ，地方財政の肥大化をきたすだけである。

　政府財政のシワ寄せで，地方財政危機が深まったといわれているが必ずしもそういえない。財源は十分付与されたが，問題は付与の方法である。

　昭和50年度地方交付税財源不足2兆1,000億円に対する地方債補填方式の導入で，地方財政がおかしくなった。

　このとき交付税率の引き上げを主張する自治省と，引き上げは国税の地方税化をもたらすことに反対する大蔵省との妥協の産物として，交付税特別会計の国の資金運用部からの借入金方式という安易な処理がなされた。

　要するに昭和50年度において，交付税における国税三税（法人・所得・酒税）の交付率を32％から，思い切って42％に引き上げていれば，国・地方の関係が歪むことはなかった。さらに政府は50％にして，自治体の国・地方の税源折半論を封じ込めることもできたのである。

　政府にしても自治体の国庫依存症を根絶して，自治体財政の自立性をうながすシステムを定着させていかなければ，国・地方の百年戦争は決着しないのである。

　第二に，交付税は不完全補填方式であるが，一定比率で国税にリンクしているので，「地方交付税制度の下においては，国税三税の大幅な自然増収がある場合においても，法定された交付税率に見合う額はいわば自動的に地方に交付される」（石原・前掲「地方財政調整制度論」143頁）ことになり，運用上は完全補填方式となる制度の妙味が，制度改革の理由としてあげら

れている。

　そして「今日まで地方財政平衡交付金が継続されていたとするならば，今日の地方交付税の額は到底確保できていなかったと断言できる」（石原・前掲「財政調整制度論」145頁）といわれてきた。

　事実，今日まで交付税制度は交付税率の引上げと，地方債の補填方式とによって，実質的には完全補填方式を維持してきたといえる。しかし昭和50年以来，交付税の地方税方式は破綻し，平衡交付金方式と同じように国庫依存方式の色彩を強めつつある。

　交付税が国庫から財源を収奪することを最大の制度目標としているが，国税が減税しても交付税が減少しないシステムは，どうみても不都合がある。

　財源調整・補填は，不完全方式としていかなければならない。そして地方財政が地方債にその財源を求めるならば，個別自治体の借入金として，当該自治体が元利償還の責任をもつべきである。

　第三に，配分方式は，戦前の配付税方式で簡素化を図って，人口と地方税収入などの指標で配分する方式である。

　交付税方式でどのように算定基準を精緻にしても，各地域の特殊要素が何千とある以上，適正な配分は不可能であり，人口と地方税とで配分する方式が，単純で透明性があり市民のコンセンサスを得やすい。

　たとえば都市人口は平成12年3月31日で9,860万5,679人である。基準財政需要額は17兆4,678億7,100万円で，一人当りは17万7,715円となる。

　都市自治体の交付団体としての地方税水準はこの平均地方税の1.3倍程度とすると，20万5,728円となる。

　北海道函館市は財政力指数0.54，人口28万7,843人，地方税337億3542万円で一人当り地方税額は11万7,201万円で，基準地方税との差は8万8,527円で人口数をかけると，254億8,187万円となり，実際の交付税264億2,390万円とほぼ合致する。

　問題は財政力指数の低い団体である。美唄市は財政力指数が0.27で人口3万1,148人，一人当り地方税額8万1,141円で，基準地方税額との差は12

万4,587円で,算出交付税は38億8,063万円で,実際の交付税80億8,783万円と大きな差が発生する。人口規模の段階補正などの,かさ上げ措置が大きく響いている。

結局,交付団体の水準を平均地方税の1.7を適用すると,80億8,783億円となるが,函館市の超過財源が大きくなる。

これらの数値が大きく狂う要因は,小規模市ほど特別交付税額が大きいからである。函館市は普通交付税263億2,130万円,特別交付税9億1,801円であるが,美唄市は普通交付税68億8,065万円,特別交付税11億9,901万円である。

それでも人口・地方税の指標だけで補正していけば,かなり正確な基準財政需要額にもとづく配分額を算出することは可能である。とくに特別交付税を活用すれば,現行の交付税より優れた財源調整機能を発揮することが期待できる。

第三に,交付税の一般財源化は,交付税の複雑な算定方式を可能なかぎり,簡素化していく政策である。先に見た補正係数による操作,特定事業の基準財政需要額の算入,特定地方債の元利償還への手当であるが,これは交付税の堕落でもある。

現行の交付税システムは基本的には保持し,算定方式の簡略化を図っていく方向である。特定地方債事業の算入,事業費補正の適用,地方税減免の補塡,地域開発費への連動などの廃止・抑制である。

具体的方向として「基準財政需要額として費目ごとに指標を求める際に,測定単位と補正係数を簡素化しつつ,高齢化,少子化,環境問題,大都市問題,過疎問題などの進行に対応して指標の定期的見直しを進めることが必要である」(神野・前掲「地方の税源を」127頁)といわれている。

しかし基本的方向としては,政策的費用を多く算定すべきでない。政策的費用はその他費用にカウントする程度でよい。具体的には第21表のように,行政項目を多く設定して,実際の行政費目との整合性を図っていく,測定単位の当該行政費目に関係のある,人口指標などとする。

また単位費用は平均的費用を設定する。保育所であれば保育児平均コス

ト100万円と算出すればよい。この点についてゼロ歳児と三歳児とではコストはかわるが無視をする。民間方式と直営方式の比率も考慮しないし、保育所の規模によるコストも無視すべきである。また自宅保育児と保育所児の比率も算入しない。

　要するに財源調整措置は、一定の財源を自治体に付与するのであって、現実の行政コストに接近させる必要はあるが、財源調整・保障制度の原則を歪めてまで算出するものではない。簡単な配分方式でも、各自治体で大きな格差は生じないはずである。

　補正係数の廃止は、小規模団体に不利との反論があるが、従来が優遇し過ぎであり、正常な算定に復帰したのである。たとえば保育所に規模の利益が働くであろうか、福祉サービスにスケール・メリットは稼働しないのである。

　自治体は50年間、交付税方式の基準財政需要額を絶対的な基準として信奉してきたが、今日では格差是正が施設面は完了して、その役目は終わったのである。

　財源調整・保障という点からは、地方税と調整財源との合計が、全国で均一になるように、先にみたように人口数で配分する方式がベストなのである。実際問題として地域差はないであろう、大都市は地価問題があるが、平均的配分であれば、スケール・メリットを活用してカバーすればす

第21表　社会福祉費の算定

行政費目	測定単位	単位費用	備考
保育所費	幼児数	1000	補正なし
身体障害者費	障害者数	2000	補正なし
精神障害者費	障害者数	2000	補正なし
児童手当費	児童手当費	200	支給実績
児童施設費	面積数	200	減価償却方式
その他費	児童数	1000	補正なし

む問題である。

　また過疎村は規模の利益が，作用しないといわれているが，行政サービスへの住民参加は容易であり，行政の平均コストは低くなる。

　要するに財源調整・保障は，システムを複雑にすれば達成できるのでなく，地方自治の育成，自治体経営の発達を考えれば，単純でわかりやすいシステムが絶対的条件である。補助金から交付金へ，交付税から配付税への改革の時期を迎えているのである。

§4　交付税への自治体参加

　地方交付税制度は，今日でも総務省の専管事項であり，その非民主性について批判がたえなかった。

　平成12年4月から地方交付税法（17条の4）を改正して，地方交付税の算定について，地方団体の意見をより的確に反映するとともに，その過程をより明らかにするために，意見提出制度を創設した。

　平成12年度算定分については普通交付税に関して，60項目延べ103件の意見の提出があった。意見の趣旨をふまえて，14項目が改正された。

　主な改正例は，介護保険給付費に係る密度補正の新設（道府県分，市町村分），河川費に係る投資補正算定方式の簡素化（道府県分），公共事業に係る土地価格比率反映方式の改正（道府県分）などである。

　このような交付税の算定方式とともに問題なのが，交付税の運用方式である。第一に，「その性格上，地方交付税法上は算定の大綱を定めるのみで，具体的な算定方法は自治省令に委ねられている」（矢野・前掲「地方税財政制度」133頁）といわれている。

　交付税の技術的課題があり，法律ですべてを規定することは不可能であるが，「補正係数だけは，国会の議決を経ず，自治省の省令で改定されることである。ということは自治官僚が，国会や自治体，もちろん国民を閉ざした密室の作業で，この数値を操作できることなのである」（日比野登『財政戦争の検証』188頁）ことは事実である。

第二に，交付税という巨額の財源移転について，地方団体サイドとなんらの公式的な意見交換の場をもっておらず，自治省が政策的に優先したい財政需要が算入されていくことである。

　しかしこの水準・範囲の決定は，中央政府が恣意的に決定すべき問題ではなく，第三者機関によって，十分に審査され決定されなければならない。この点，交付税制度は財源的問題のみがクローズアップされるが，交付税における科学性に比較して，交付税における民主性はこれまで検討すらされてこなかった。

　総額の決定は，財務省・総務省の代理交渉に委ねるにしても，交付税における基準財政需要額の算出などは，自治体職員が参加した専門機関で毎年，見直していくべきである。地方財政委員会は地方財政の大筋を決定するところであって，交付税の技術的算定方式を検討することは能力をこえている。

　第三に，交付税への参加が困難であり，自治体すらも意欲が湧かないのは，補助金のように補助金額の妥当性を検証することが，至難のわざを要求されるからである。補助金の査定は交付税より複雑であるとの反論もあるが，補助金では超過負担問題のように，自治体もその問題点の把握が容易である。

　しかし交付税では補正係数が多く介在し，基準財政需要額の算出すら困難である。すなわち交付税が複雑であることは，交付税への自治体参加を実質的に拒否しているに等しいのである。

　交付税は総額が決定すれば，どこにいくら交付されるかは，どこかの自治体に配付されるのであるから，自治体がある程度の互譲の精神があれば，問題化しない。しかし交付税の算定が，複雑で不透明であるため，市民のみでなく自治体の参加する機会を奪っているのである。

　しかし自治体間に少々の不公平があっても，算定方式の簡素化を図っていき，わかりやすい交付税にしていかなければ，交付税は自治体サイドとしてはもらい得という財源として，永久に地方自治には寄与しないであろう。

第四に，地方自治体は，交付税問題で独自で中央政府と対決したことはなく，つねに自治省を介した代理交渉であり，地方六団体などの中央政府との折衝能力に不安を禁じえないのである。
　地方自治の復権におけるアキレス腱であり，地域的連合よりも行政的統合・政治的行動のため，地方自治体サイドの連携への訓練・実践が必要なのである。
　ただ最後に自治体が銘記すべきは，地方財政制度の改革を自主財源強化へとしていくためには，自治体経営能力の向上が不可欠の前提条件である。
　今日の地方財政の危機の大半は，自治体の過剰なる開発投資，膨大な施設主義の失敗にある。交付税の過大算定とか借入金地方債方式に転嫁するのは，自治体の自己責任の放棄である。
　たとえば大阪府の場合，平成12年度で3,000億円の交付税の恩典をうけているが，もし交付税措置がなく，全部を高度成長期に自主財源として保有し，開発行政に投入して，なお今日も交付税歳入がないとすれば，財政再建団体化は免れない。
　交付税制度が地方財政の年度間の財源調整機能を代行しており，また自治体の過大財政の抑制機能を果たしている事実を，自治体は厳粛に受けとめなければならない。
　したがって交付税制度の改革は，公共投資に対して住民投票の導入，自治体財政への行政評価の適用，交付税から交付金方式へなど，明確な処方箋をもって自治体経営能力の向上を図っていきながら，段階的に実施していくべきである。

参考文献

藤田武夫『地方財政入門』昭和31年 日本評論社
吉岡健次『現代日本地方財政論』昭和38年 東洋経済新報社
恒松制治『地方財政論』昭和46年 良書普及会
柴田護『地方財政のしくみと運営』昭和48年 良書普及会
高寄昇三『地方自治の財政学』昭和50年 勁草書房
山本正雄編『都市財政を考える』昭和50年 毎日新聞
坂田期雄『危機の自治体財政』昭和53年 ぎょうせい
石原信雄『地方財政調整制度論』昭和59年 ぎょうせい
佐藤進『地方財政総論』昭和60年 税務経理協会
日比野登『財政戦争の検証』昭和62年、第一書林
岡本全勝『地方交付税・仕組みと機能』平成7年 大蔵省印刷局
古川卓萬『地方交付税制度の研究』平成7年 敬文社
高寄昇三『地方分権と補助金改革』平成9年 公人の友社
村野まさよし『地方栄えて日本は破産』平成10年 講談社
神野直彦・金子勝『地方に財源を』平成10年 東洋経済
兵谷芳康等『地方交付税』平成11年 ぎょうせい
石原信雄『新地方財政調整制度論』平成12年 ぎょうせい
高寄昇三『自治体財政 破綻か再生か』平成13年 学陽書房
地方交付税制度研究会『平成13年度 地方交付税のあらまし』平成13年 地方財務協会

[著者略歴]
高寄　昇三（たかよせ・しょうぞう）

昭和9年生まれ
前神戸市市長室参事
現在：甲南大学経済学部教授　経営学博士
著書：『市民自治と直接民主制』、『地方分権と補助金改革』（以上、公人の友社）、『阪神大震災と自治体の対応』、『自治体の行政評価システム』、『地方自治の政策経営』、『自治体の行政評価導入の実際』、『自治体財政　破綻か再生か』（以上、学陽書房）、『現代イギリスの地方財政』、『地方分権と大都市』、『現代イギリスの地方自治』、『地方自治の行政学』、『新・地方自治の財政学』、『明治地方財政史・Ⅰ、Ⅱ』（以上、勁草書房）、『高齢化社会と地方自治体』（日本評論社）、その他多数。

地方自治ジャーナルブックレット No 29

交付税の解体と再編成

2002年3月28日　初版発行　　　定価（本体1000円＋税）
2004年3月25日　第2刷発行

著　者　　高寄　昇三
発行人　　武内　英晴
発行所　　公人の友社

〒112-0002　東京都文京区小石川5-26-8
TEL 03-3811-5701
FAX 03-3811-5795
振替　00140-9-37773